JN107037

医学部
学士編入試験の
教科書

合格者 10 名による完全解説

2021 年度医学部学士編入生有志【著】

第1章

医学部学士編入の
イロハ

1-1. 医師になりたい！ 受験には別ルートがあった！

　医学部に入るには、どのような方法があるのでしょうか？ 最もポピュラーな方法としては、共通テスト、2次試験を受けて医学部に入学する再受験が挙げられます。しかし、大学を卒業した社会人が医学部に入学するもう一つの方法が存在します。それは、医学部学士編入という方法です。詳細は後述しますが、再受験と異なり複数校を受験できたり、2科目（生命科学・英語）で受験できたりする大学も中には存在します。一方で、医学部学士編入試験を実施している大学が限定されている点や、試験問題を非公開にしている大学が多く、受験情報が再受験と比較してかなり少ないという点も学士編入試験の特徴です。

　以上のように医学部学士編入には、再受験と異なるメリットが多い反面、公開情報が少なく受験対策が難しいという特徴があります。そこで、本章では、医学部学士編入が一体どのようなものなのかを知っていただくために、医学部編入試験の成り立ちを皮切りに医学部学士編入に必要な一般的な知識をまとめました。

1-2. 医学部学士編入制度とは？（医学部学士編入の歴史と概要）

◎医学部学士編入制度の概要

　医学部学士編入制度とは、医学以外の学問分野を専攻した学士（大学卒業に相当）、または大学卒業間際の学士取得見込み者を医学部2年次（一部の大学では3年次）に編入させる制度です。この制度の目的は、大学によって多少異なりますが、大雑把には、「医学以外の専門的知識を持った医師を育成し、多様化する社会的ニーズに応える人材を育てる」といったことが共通して謳われています。では、どのようにして医学部学士編入制度ができたのでしょうか。

◎医学部学士編入制度の歴史

　1970年代、DNAの配列決定法や遺伝子組換え技術の確立など、生物

学の世界に技術革新が起こりました。この遺伝子組換え技術はマニュアル化され、やがて誰でも遺伝子やDNAを扱うことができる時代に突入しました。その結果、学問分野の壁を越えて、すべての研究者が同じ技術を使用できるようになり、他分野の専門家との共同研究が盛んになりました。

このような歴史的な背景から、大阪大学は1975年、医学分野以外の専門的な知識を有した医学研究者を育成し、医学の発展に繋げるために医学部専門課程入学制度を導入しました。これが後の医学部学士編入制度の原型になります。

1990年頃になると、バブル期のために医学部学士編入の人気が低下しますが、バブル崩壊後、不景気の煽りを受け医学部学士編入の人気が再び高まります。そして、2000年に文部科学省は、全国の国公立大学医学部に社会人経験のある人材を医学部に編入させるように通達をします。この通達は、アメリカのメディカルスクールの影響によるものでした。

メディカルスクールとは、日本では医学部に当たる教育機関のことを指します。日本と異なり、メディカルスクールは、高校を卒業してすぐに入学することはできず、4年制の大学を卒業し、学士号を取得した人しか入学できません。つまり、アメリカで医師になるためには、4年制の大学を卒業し、さらにメディカルスクールに入学して4年間学ばなければいけないのです。なぜこのような制度になっているのかというと、アメリカでは「広い教養を持った人物が医師になるべきだ」という考えが根本にあるためです。このように幅広い教養を持った医師を育成しようという意図から、2000年に文部科学省は社会人の医学部編入を広めようとしたのです。そして、今日に至るまで、28校の国公立大学と3校の私立大学[1]で医学部学士編入試験が実施されています。

※1：2019年度のデータ

1-3. なぜ今、医学部学士編入？

　本書を執筆している 2021 年現在では、新型コロナウイルスが猛威を振るっています。このような状況は、医学部受験生にどのような影響を与えるのでしょうか？　これを考察する前に、過去に起きた経済不況や災害などが医学部人気にどう影響したのかについて見てみましょう。

◎医学部人気と不況の関係

　日本は、現在までに 1991 年のバブル崩壊、2008 年のリーマン・ショックと何度も経済危機に襲われました。このとき、就職率が低下し、多くの大学卒業生の就職が困難になりました。このような経験から不況下では、卒業後の就職を見据えた大学・学部選びをすることが一般的になりました。その中でも、就職に強い医学部医学科は、特に人気が高くなりました。以上を踏まえて考えると、新型コロナウイルスに起因する企業の業績悪化によって大学生の就職率が下がることが予想され、医学部人気がさらに高まると考えられます。

◎医学部と災害

　日本は戦後、阪神・淡路大震災や東日本大震災など大規模な自然災害に何度も襲われています。このような自然災害の発生時には、現場で活動する医療従事者がマスメディアを通じて伝えられました。身を粉にして困っている人を助ける医療従事者の姿は多くの人々に感銘を与えました。コロナ禍である今日も、医療状態が逼迫した中で懸命に人を助けようとする医療従事者が毎日のように報道されています。

　アメリカでは医学部が異例の人気となっており、全米医科大学協会によると、医学部の志願者数は前年比 18％増と 10 年ぶりの大きな伸びを記録したそうです。日本においても医療従事者の活躍に敬意を払い、医師になり社会に貢献をしたいと考える人はますます増えると考えられます。

　以上から今後も医師の人気が増加していくと考えられ、それに付随し

既卒者が医師になるルートの1つとして学士編入もますます注目を浴びると考えられます。

1-4. 学士編入と再受験とではどう違うの？

　1-1でも少し述べましたが、再受験と医学部学士編入試験にはいくつかの違いが存在します。本項目では、再受験と医学部学士編入試験の違いを列挙します。

① 2年次もしくは3年次に編入できる

　再受験と異なり、医学部学士編入試験に合格すると、2年次または3年次から入学することができます。これは、医学部学士編入の受験資格者は学士号を持っているため、1年次で習う一般教養の知識は身につけているとみなされるためです。ただし、近年の医学部での学習内容の増加や実習期間の長期化に伴って3年次編入を行っている大学は減少傾向にあり、国公立大学では、名古屋大学・島根大学の2校、私立大学では岩手医科大学の1校のみとなっています（2021年度試験）。

②受験科目数が少なく、筆記試験以外も重視される

　再受験の場合、英語・数学・理科2科目＋共通テスト（理系科目＋国語・社会）の5教科7科目と2次試験（英語・数学・理科）＋面接の対策をしなくてはいけません。更に、それぞれの対策にはかなりの勉強が必要とされます。

　一方、学士編入試験では生命科学＋英語（大学によってはこれに加えて化学＋物理＋数学）と再受験に比べて科目数が少なくなっています。生命科学は、大学によって出題範囲が異なりますが、高校生物〜大学1、2年生で履修する生化学、生理学、分子生物学、免疫学等が含まれます。英語は、基本的に医系論文が出題されます。化学・物理・数学も生命科学と同様に出題範囲は大学によって異なり、高校範囲〜大学範囲まで出題されます。

　また、学士編入試験においても面接試験（集団面接や小論文が課され

る場合もある）が行われます。大学によっては出願時に志望理由書や
TOEIC、TOEFL のスコアの提出が求められ、これらが点数化されるこ
とがあります。そのため、一般入試に比べて筆記試験以外の配点が大き
くなる傾向があります。

　例えば、一般入試で面接試験の配点が最も高いのは秋田大学で、面接
試験の点数は 2 次試験の合計得点の 50% を占めます。一方で、弘前大
学の学士編入試験では、TOEFL や面接試験の点数が合計得点の 61% を
占めています。このように筆記試験以外の点数のウエイトが高いのも医
学部編入試験の特徴と言えるでしょう。

③試験日程が各大学で異なり、複数校に出願できる

　再受験では、共通テストが 1 月中旬、2 次試験が 2 月下旬と決まっ
ていますが、医学部学士編入試験では、試験日程が各大学で大きく異なっ
ています。そのため、試験日程が重複していなければ複数の大学に出願
することができます。

④提出書類を準備するハードルが高い

　学士編入試験では、卒業証明書、成績証明書、志望理由書、推薦書が
ほとんどの大学で必要になります。特に推薦書は、大学や大学院の指導
教官など第三者に依頼しなければいけません。そのため、一般入試に比
べ出願書類の準備をするハードルが高いです。

⑤試験情報が少ない

　医学部学士編入試験では、試験問題が非公開であることがほとんど
で、医学部学士編入試験対策を行っている大手予備校 KALS に入る以外
では、過去の出題問題を入手しにくいです。また、試験成績の開示を行っ
ている大学が少なく、合格基準が不透明であるといったこともあります。

⑥倍率が非常に高い

　医学部学士編入試験の募集人数は、平均で 5 〜 10 人程度です。そこ

に約200人程度の志願者が殺到するので、倍率が10倍〜20倍と一般入試に比べてかなり高くなっています。ただし、試験情報が少ないために対策が不十分なまま受験する人や記念受験の人が多い点、日程が被っていなければ併願が可能である点が一般入試と異なるので、実際の倍率はもう少し低いと言われています。

⑦費用がかかる

　医学部学士編入試験では検定料が3万円であることが多く、加えて交通費・宿泊費を合わせると1校にかかる費用は約6万〜10万ほどになります。仮に5校受験すると、約30〜50万円の金銭的負担が発生します。

　以上が再受験と学士編入試験の違いです。再受験か学士編入試験かを選ぶ判断材料にしてみてください。また、参考として2021年度の大学別の試験日程、試験科目等をまとめた付録を巻末に掲載します。

1-5. 全ての大学が学士編入試験を実施しているの？

　医学部学士編入試験を実施している大学は限定的です。

	医学部を有する大学数	うち、学士編入を実施している大学数	学士編入実施率
国立大学	42	27	64.3%
公立大学	8	1	12.5%
私立大学	31	4	12.9%

※表に含まれていない防衛医科大学は、学士編入試験を行っていない

　また、募集人員という観点からみると、一般入試、AO入試、特別選抜、学士編入全てを合計した医学部医学科定員のうち、学士編入の募集人員が占めるシェアは2.4%です*。

　*北里大学の募集人員数は「若干名」であったため、合格者数の「1」を募集人員数と仮定して試算

　国立大学における倍率の幅は一般入試のそれと比べると大きく、平均倍率を国立大学で比較すると一般入試が 5.2 倍に対して学士編入は 18.6 倍となっています。

	一般入試			学士編入		
	最少倍率	最大倍率	平均倍率	最少倍率	最大倍率	平均倍率
国立大学	2.3	10.1	5.2	4.2	42.8	18.6
公立大学	2.3	12.4	4.1	2.0	2.0	2.0
私立大学	13.3	85.3	28.9	3.8	17.2	11.5

引用：2020 年度 医学部医学科入学状況 - 文部科学省
＊倍率はすべて志願者数 / 募集人員として算出

　一見すると、実施校や定員が少なく倍率も高いため、狭き門のように感じられるかもしれません。しかし、先述の通り筆記試験の内容やテストを受験できる回数が大きく異なるため、一概に厳しい条件であるとは断定できません。実際にどのような人が合格しているのかを紐解くことによって、学士編入試験の実態、難易度について深く理解していきましょう。

1-6. 2021 年最新版　合格者のデータ集

　ここでは実際の合格者データを基に、医学部学士編入試験の合格者のプロフィール、受験戦略、学力について明らかにしていきたいと思います。本データは、2021 年度入学の国立大学医学部学士編入試験合格者を対象としたアンケートに基づく内容で、2021 年 2 月に実施したものです。

1. 合格者プロフィール
【1-1. 男女構成　n=28（回答者数）】

男女比　　75.0%　　　25.0%

■男性　■女性

合格者の 75% は男性でした。

【1-2. 年齢構成　n=28】

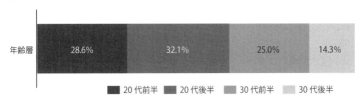

年齢層　28.6%　32.1%　25.0%　14.3%

■ 20 代前半　■ 20 代後半　■ 30 代前半　■ 30 代後半

　合格者の約 6 割は 20 代ですが、30 代以上が 4 割を占めています。
合格者の 7 人に 1 人が 30 代後半であることは、30 代後半で受験を検
討している人にとっては勇気の出る結果ではないでしょうか。
　一般的に医学部受験は、一般入試・学士編入試験共に若年層が有利と
言われます。しかし、年齢が上がるごとにライフイベントにより受験挑
戦の難易度が上がり、受験者数も伴って減少することが推測されます。
それを前提に上記の合格者構成比を見ると、少なくとも国立大学の医学
部学士編入においては明らかな年齢差別があるとは言えず、ある程度の
公平性が保たれているように見受けられます。

【1-3. 現在の職業　n=28】

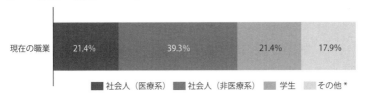

現在の職業　21.4%　39.3%　21.4%　17.9%

■ 社会人（医療系）　■ 社会人（非医療系）　■ 学生　■ その他 *

　合格者に占める既卒者の割合は約 8 割です。また、既卒者のうち社
会人の占める割合が最多であることから、必ずしも現在医療と直接関係
のあるバックグラウンドを持っていなくても合格する可能性があること
がわかります。

　* その他…無職、アルバイト（非フルタイム正規雇用）

【1-4. 卒業学部　n=28】

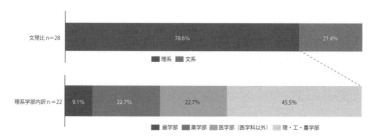

　合格者のうち約８割が理系です。理系学部の細かい内訳を見ると、医歯薬系が過半数を占めています。仕事において医療との関係性が深く受験者数が多いと思われること、筆記試験で大学時代の学習や仕事が有利に働く可能性が高いこと、面接でも医師志望動機を語りやすいこと等から、医歯薬系の占める割合が多いものと予想されます。

　一方、２割は文系出身者が合格している実績があり、文系の方にも合格のチャンスがあることが示されています。

【1-5. 大学院卒業状況　n=28】

　大学院の卒業状況を見ると、約65％が学部卒業者です。出願書類や面接において、多くの大学が学生時代の学業や研究に関する説明を課します。一見すると、研究で明確な業績を持つ大学院卒業者の方が有利に思われるかもしれません。しかし学部卒業の合格者が多いことから、学部での卒業論文の内容を適切に伝えることができれば、学士編入試験で課される学業の説明としては十分であると言えるでしょう。

2. 合格者の受験戦略

【2-1. 受験期間　n=28】

　約7割が1年以内に合格しています。受験期間が2年を超えた合格者は稀であることから、挑戦する期限を決めて集中的に学習をすることの重要性が示唆されます。

【2-2.1 日の平均勉強時間　n=28】

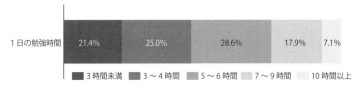

　過半数の合格者は1日平均5時間以上の勉強時間を確保していました。最小値0.5時間～最大値12時間とばらつきが大きいですが、受験生の背景によって合格に必要な学習時間は異なります。ご自身の現在の学力を踏まえて必要となる勉強時間を理解し、時間を捻出することが重要です。

【2-3. 合格までの総学習時間　n=28】

　それでは、どの程度の学習時間が必要なのでしょうか。これは出身学部に依存するところが大きいことが見て取れます。医歯薬系学部出身者の約6割は総学習時間が1,000時間未満と短く、非医歯薬系学部出身者の8割以上が1,000時間以上学習しています。それぞれの中央値は医歯薬系：840時間、非医歯薬系：1,305時間と500時間弱の差分が生じています。医歯薬系出身者は、歯科医師・薬剤師・看護師などの国家試験を受験することで、理科の問題演習量が既に多い状態です。故に医学部学士編入向けの受験勉強としては、学習時間を短く抑えることができているのでしょう。

　仮に非医歯薬系学部出身の方が中央値である1,305時間を1年間で学習しようとすると、1日3.6時間は最低でも学習する必要があります。ご自身の仕事や学業との両立を考慮し、受験期間を検討することが必要です。

算出方法：1日の平均勉強時間× 30日×受験期間（月数）

【2-4. 受験期における仕事との両立　n=22】

　受験勉強と仕事の両立は困難だと思う方も多いでしょう。しかし実際は既卒合格者の7割以上が仕事と勉強を両立して合格しています。

　先述の通り医学部学士編入試験では、複数校受験可能というメリットがある一方、1校受験するにあたり検定料・交通費・宿泊費で6～10万円程度を要します。また、合格後の学費や生活費など将来的な金銭面も考えると、仕事と両立することでより安心して受験に臨めます。

【2-5. 予備校利用有無　n=28】

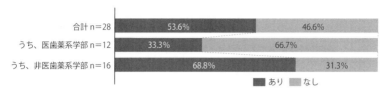

医学部学士編入予備校の大手である「河合塾 KALS」への入塾有無は、出身学部で区分してみると大きく傾向が異なります。医歯薬系学部出身者の約7割は予備校を利用せず、逆に非医歯薬系学部出身者の約7割は予備校を利用しました。この差分は、生命科学の履修経験の有無によって生じているものと思われます。

【2-6. 受験校数　n=28】

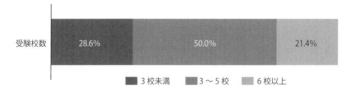

合格者のうち7割以上が3校以上受験しており、平均値・中央値はともに4校です。合格者の多くが一般受験にはない、何度も試験を受けられるというメリットを享受しています（一般受験における国立大学の受験機会は、前期・後期の2回しかありません）。

筆記試験を受ける機会を増やすことは、医学部学士編入試験において重要な戦略の一つであると言えるでしょう。

3. 合格者の学力

【3-1. TOEIC スコア　n=22（スコア所持者のみ）】

まずは TOEIC について見てみると、スコアを所持している人が合格者の 8 割を占めています。また、スコアは 850 点以上がちょうど半数です。これがひとつの目安になるのではないでしょうか。

日本人の TOEIC 平均スコアは 523 点であることから、医学部学士編入試験合格者の多くが高い英語力を持っていることがうかがえます。

引用：一般財団法人　国際ビジネスコミュニケーション協会　TOEIC® Listening & Reading Test 国別平均スコア（2019 年）

【3-2. TOEFL スコア　n=15（スコア所持者のみ）】

次に TOEFL ですが、合格者の約 5 割がスコアを所持しています。また、スコアは 80 点以上を獲得した人が 5 割以上を占めています。

TOEFL は各大学の 2 次試験では出題されない Listening、Speaking、Writing があり、学士編入試験のための学習効果はあまり高くありません。TOEFL の勉強は、受験校の選択肢が広がるというメリットと、学士編入試験の英語対策には貢献し辛いというデメリットをよく吟味した上で判断するのが賢明だと言えるでしょう。

【3-3. 最新の河合塾 KALS 模試（記述式）偏差値　n=12】

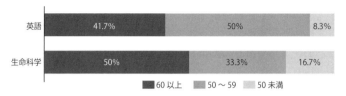

	60 以上	50 〜 59	50 未満
英語	41.7%	50%	8.3%
生命科学	50%	33.3%	16.7%

　合格者のうち、上位 16% である偏差値 60 以上の割合は、英語で 4割以上、生命科学で 5 割です。実質受験者数を 879 名 * と仮置きすると、上位 16% のところが上から数えて 140 番目となります。国立大学医学部学士編入定員数合計が 200 名（2020 年度試験実績）であることから考えて、模試偏差値 60 以上は、妥当な目標値と言えるでしょう。

　ただし、偏差値 50 未満であっても合格者が出ています。今の成績が思わしくなくともご安心ください。河合塾 KALS の模試は春の時期に開催されるため、夏〜秋に試験を行う、いわゆる後半校を受験する方は学力を伸ばす機会がまだあるからです。

＊算出ロジック　2020 年度国立大学医学部学士編入志願者数：3,517 名÷「2-6.
　受験校数」の平均値・中央値：4　※受験校数は合格者平均であるため、実際の
　実質受験者数は 879 名よりは多いと予想される

4. 合格に役立ったこと　n=22

ランキング	合格に役立ったこと	回答数
1 位	合格者への相談・情報収集	11
2 位	自分に合った勉強法・ツール	7
3 位	河合塾 KALS（テキスト、授業）	6
3 位	勉強に打ち込むための工夫	6

　本アンケートでは、「合格に役立ったこと」のフリーコメント回答も取得しました。

多くの合格者がTwitterなどのSNS、河合塾KALSのチューターを通じ、合格者の生の情報を得ることが合格に役立ったと回答しています。

また、自分に合った勉強法やツールについては、フラッシュカードや時間管理などの学習系アプリの利用や、隙間時間で勉強する、一冊の問題集を極めるなど、個人により様々な勉強法が挙げられました。

勉強に打ち込むための工夫としては、YouTube や LINE で勉強の様子を対外的に発信するといったインターネットを駆使した方法のほか、河合塾 KALS の近くに住む、退職や転職をするという思い切った決断も複数ありました。受験への本気度が高い人が合格していると言えるのではないでしょうか。

1-7. まとめ

第1章では、医学部学士編入の歴史や制度、そして合格者の現状についてお伝えしてきました。

先にお示しした通り多くの合格者は、先人たちの公開している情報を得たり、直接相談したりすることが有用であったと感じています。続く第2章では、実際の合格者たちの体験談を 10 パターンご紹介します。リアルな医学部学士編入を知っていただき、より実用的に受験にお役立ていただければ幸いです。

第2章

2021年合格者
受験ノウハウ集

2-1.　合格者の受験開始から合格までの全てを公開！

　前章では、医学部学士編入制度に関する情報や、最新の合格者に関する客観的情報を提供しました。制度についての理解が深まり、「医学部編入」に対するイメージがいくらか身近で鮮明なものになったのでははないでしょうか。しかし、いざ志望校を決定し、具体的な勉強計画を作成するには、客観的な情報のみでは不十分です。医学部学士編入試験は倍率の高い試験です。だからこそ、合格者の個別具体的な事例をもとに、合格へのモデルケースを探すことが重要です。

　第 2 章では、様々な背景からの合格方法を伝授するべく、著者十人十色の合格体験記をご提供いたします。合格体験記は、【著者プロフィール】【受験全体像】【勉強】【出願】【宿泊と交通手配】【筆記試験】【志望理由書と面接】【合格】の 8 分類に分かれています。合計 33 個の質問への回答を通じて、各合格者の合格ストーリーを想起し、自分の受験に取り入れられることを積極的に探してみてください。

◎体験記目次（著者名の五十音順で記載）

◎質問リスト

【受験全体像】

Q1．医学部学士編入の受験を決意したきっかけは何ですか？

Q2．いつから受験を始めて、合格までにどれくらいかかりましたか？

Q3．どこの大学を受験しましたか？　受験校はどのように決め、結果はどうでしたか？

Q4．どのような受験戦略でしたか？

Q5．医学部編入予備校の利用はどのようにしましたか？

Q6．受験にかかる費用や生活費はどうしていましたか？

【勉強】

Q7．勉強開始前、生命科学、英語、化学、物理、統計学はどれくらいできましたか？

Q8．各科目をどのように勉強しましたか？　教科書・参考書は何を使用しましたか？

Q9．TOEFL、TOEIC はどうしましたか？

Q10．上記科目以外に勉強したことはありますか？

Q11．勉強において、工夫した点は何ですか？

Q12．息抜きや休憩は何をどれくらいやりましたか？

Q13．振り返ってみて特に役に立ったこと、逆にやらなくてよかったことは何ですか？

Q14．勉強に関して、受験生にアドバイスをお願いします。

【出願】

Q15．出願において、苦労したことや、失敗したことは何ですか？

Q16．推薦書が必要な大学が多いですが、どのように対処しましたか？

Q17．出願に関して、受験生にアドバイスをお願いします。

【宿泊と交通手配】

Q18．宿泊と交通手配について、注意点や失敗体験はありますか？

Q19．受験前日はどのように過ごしましたか？

【筆記試験】

Q20、筆記試験の雰囲気（周囲の年齢層や男女比など）はどうでしたか？

Q21、筆記試験での成功点、失敗点は？

Q22、筆記試験の出来は、各科目何割くらいでしたか？

Q23、筆記試験に関して、受験生にアドバイスをお願いします。

【志望理由書と面接】

Q24、志望理由書の作成についてアドバイスをお願いします。

Q25、各大学の特徴をどのように調べましたか？

Q26、面接対策として、どのような準備をしましたか？

Q27、なぜ○○大学なのですか？　という問いにはどのように答えればいいですか？

Q28、面接でよく聞かれた質問は何ですか？　どう答えましたか？　面接官の反応はどうでしたか？

Q29、実際の面接での成功談、失敗談について教えてください。

Q30、面接に関して、受験生にアドバイスをお願いします。

【合格】

Q31、合格した時はどんな状況で、どんな気分になりましたか？

Q32、もう一度受験するとしたら、どんな点を改善しますか？

Q33、最後に受験生にメッセージをお願いします。

◆合格者①. 市川雄基

【プロフィール】

　2018 年、東京大学法学部卒業。現在、公的研究機関の事務部門にて勤務 3 年目。現職で広報業務に携わり、様々な分野の研究に触れる中で、われわれ自身の成り立ちや仕組みに迫る生命科学に対して強い関心を抱くようになる。

　さらに、業務上一般の方から疾患に関する痛切な相談を受けることが多く、より直接的な形で患者に救いの手を差し伸べることはできないものかと考えるようになった。これらの理由から、医学部学士編入を決意。

　現職に就くまで医師になろうと考えたことは無かったが、2019 年 4 月より仕事を続けながら勉強し、2020 年 7 月、岡山大学医学部医学科に合格。

　本書では、特に「社会人」や「文系出身」の方に向けたアドバイスを提供する。

【受験全体像】

Q1. 医学部学士編入の受験を決意したきっかけは何ですか?

　医学部学士編入を決意したきっかけは、もっぱら現職での経験だと言えます。現職に就くまで、医師になりたいと考えたことはありませんでした。もっとも、社会のためになることを生業としたい、現場に近い所で働きたい、そのためにもっと知識を身につけたいという考えは、以前からありました。

　現職では、自然科学全般に関する研究成果の記者発表(プレスリリース、会見)を主に担当しています。具体的には、論文や学会で発表予定の研究成果について、プレスリリース原稿を添削し、関係省庁や大学・企業との調整を経て記者に配信する、といった業務です。内容によっては記者会見を実施することもあります。

　どの研究成果も文系出身の私には想像もつかないものばかりで、「こんなことができるのか…!」「どうすればこんなことを思いつくんだ…!」と、いつも驚いていました。現職で 3 年目を迎えた今なお、プレスリリース原稿を読むのが楽しみです。

　しかしその中でも、とりわけ生命科学分野の研究に強く関心を惹かれていることに気が付きました。例えば大腸菌にクモの遺伝子を導入してクモ糸の産生を試みる研究に触れた際、（その発想の奇抜さはもとより）まるで異なる生物間でも遺伝子が同じように機能することに驚嘆しました。それまで疑問さえ持たなかった生命の仕組みが、科学者の努力によってここまで解明・再現されているのかと心が躍りました。もともと自分自身をよりよく知りたいという漠然とした思いを抱いていた私にとって、まさにその要求を満たす学問領域である生命科学が、極めて魅力的に思えるようになりました。

　しかしそれだけで医師になろうとは思いません。外部の方からの相談への対応も重要な業務の一つであり、その内容は報道に関する問い合わせや取材依頼、時にはクレームなど多岐にわたります。そして、職場では医科学の基礎研究も盛んに行われていることから、疾患に関する痛切な相談も日々寄せられます。例えば、難治性の疾患を患い主治医も手が出せない状態のお子さんを何とか救いたいと、藁にもすがる思いで研究者にメールを寄せる親御さん。あるいは、自らが病に冒され余命いくばくもないと宣告されつつ、今後の研究に寄与できればと献体の提供を希望される方など。これまで、数えきれない相談を受けてきました。

　しかしこれらの相談に対して、職場が医療機関ではないこと、なにより私自身が医療や研究の専門家ではないことから、歯がゆい思いをすることが少なくありませんでした。やがて、私はこれらの人々に今よりも直接的な形で協力したいと思うようになり、医師になることを決断しました。

Q2, いつから受験を始めて、合格までにどれくらいかかりましたか？

　受験勉強を開始したのは、社会人 2 年目を迎えた 2019 年 4 月でした。2020 年 7 月の岡山大学合格までは、1 年と少々勉強していたことになります。

Q3、どこの大学を受験しましたか？　受験校はどのように決め、結果はどうでしたか？

　志望校は岡山大学（岡大）、金沢大学（金大）、東京医科歯科大学（医科歯科）の３校です。実際に出願・受験したのは岡大、医科歯科でした。金大については、出願する前に岡大に合格しており、医科歯科の対策に専念したかったため、受験しませんでした。

　志望校の選択について、まず学費の面から国立大学であることは必須でした。

　そして自分が文系出身かつ社会人であり、限られた時間の中で（受験生の大半を占める）理系の人たちと戦わねばならなかったことから、
・なるべく生命科学＋英語の２科目型であること
・文系出身者の合格実績がそれなりにある（と思われる）こと
からさらに絞り込みました。そのうえで各大学医学部のＨＰ等を調べて、入学後の進路などをイメージして最終的な出願校を決定しました。

　結果、岡大は合格、医科歯科は１次試験不合格でした。

Q4、どのような受験戦略でしたか？

　フルタイムで仕事を続けながらの受験であり、1. 出願にかける時間はなるべく抑えたい、そして 2. 少しでも効率的に勉強を進めたいという条件でのスタートでした。

　1. からは、多数校受験するのではなく志望順位の高い数校に絞って受験することとし、2. からは予備校を利用し、また受験科目は基本的に生命科学＋英語に絞ることとしました。

　全部不合格でも現職での仕事は続けられるので、最悪１年目はダメでもいいかくらいの気持ちでいました。ただし、受験２年目の時点では異動していることが見込まれており、場合によっては出向や遠方への転勤も考えられるなど、２年目の受験をどのような環境で迎えられるかが不明でした。そのため、なるべく１年目で決着を付けるよう努めま

した。2 年目でもダメだったら諦めるつもりでいました。

Q5. 医学部編入予備校の利用はどのようにしましたか?

　受験の 1 年と少し前の 2019 年 4 月、医学部学士編入専門予備校に申し込みました。

　受講形態については、通学+通信型と通信型から選択できました。当初は深く考えずに前者を選びましたが、ビデオ講義の利便性から結局ほとんど予備校に足を運ぶことはなく、自宅での学習が中心となりました。

　「金はあるが時間は無い」という自分の条件に照らして、やはり予備校は利用して正解だったと思います。自分はインプットに時間を割きすぎるきらいがあり、予備校のカリキュラムの一環として定期的に行っていた問題演習が、この癖を矯正し限られた時間で効率的に勉強するうえで役立ったと思います。

Q6. 受験にかかる費用や生活費はどうしていましたか?

　生活費や受験に直接かかる費用（受験料、交通費、宿泊費、入学金など）は自分で工面しました。予備校代については受験開始時点で貯金が不十分だったため、一旦両親に貸してもらいました。

【勉強】

Q7. 勉強開始前、生命科学、英語、化学、物理、統計学はどれくらいできましたか?

　生命科学、化学、物理、統計学はほぼ知識ゼロからのスタートでした。職場でプレスリリース等を担当するにあたって、簡単に知識を漁っていた程度です。

　英語は幼少期から勉強を続けていたこともあり、得意でした。

Q8. 各科目をどのように勉強しましたか?　教科書・参考書は何を使用しましたか?

・生命科学：予備校の教材がメインでした。ほか、『改訂生物基礎』『改訂生物』（東京書籍）、『理系総合のための生命科学（第 4 版）』（羊土社）、『シンプル生化学（改訂第 6 版）』（南江堂）を使いました。これらは記述が明快、かつ図版が豊富でおすすめです。ほか、問題演習のため『医学部編入への生命科学演習』（講談社）を使いました。

　電子伝達系などの複雑な過程は、（少なくとも私は）文字だけで覚えることはできません。これらについては視覚的に理解するため YouTube の動画で知識を補いました。動画については日本語に限定せず、英語の動画も見ることをおすすめします。英語の勉強になるだけでなく、動画の数・質も総じて優れているように思います。

・英語：担当していたプレスリリースの原論文をなるべく読むようにしていました。ほか、Lancet, New England Journal of Medicine (NEJM), Nature を定期的にチェックし、気になる論文を読んでいました（自分が受験したころは各誌コロナ一色だったのが印象的でした）。

　NEJM の Perspective は論文ではなくエッセイ集のようなもので、現場の最前線でコロナと戦う医療関係者の思いが赤裸々に書かれているものもありました。購読は必要ですが、もし読める環境にあるのであればおすすめです。

・統計学：予備校で基礎の講座をやっていたので、私はそれを受講した程度です。ただ、医療系の論文を読んでいると統計の知識が必要な場合が多く、入学後のためにも知識ゼロは避けた方がいいのではないかと感じています。

Q9, TOEFL、TOEIC はどうしましたか？

　岡大、金大、医科歯科はいずれも TOEFL iBT のスコア提出を出願要件としていたため、その対策も行いました。英語については既にある程度自信があったので、初めから TOEFL iBT の公式ガイドを買って 2 週間程度ひたすら過去問演習を行いました。結果は 112 点でした。

　新型コロナウイルスの影響で TOEFL iBT を受験できなくなる恐れがあったため、早めに申し込んだ…つもりだったのですが、いざ予約を試みると付近の受験会場が全て満席でした。これには焦りました。結局、2020 年 3 月、自宅から 100 キロ以上離れた会場で受験する羽目になりました。交通費と前泊のホテル代も含めると、当初予定の倍近い費用がかかってしまいました。その直後、TOEFL iBT を自宅で受験できる制度ができ、複雑な気持ちになりました。

　TOEIC については、2020 年 4 月の受験を申し込んだものの、コロナ禍により試験が中止されてしまい受けることができませんでした。振替受験の案内も届きましたが、結局受けることはありませんでした。なお、職場で受験した TOEIC IP テストのスコア（990 点）は有していたものの、このスコアは学士編入試験では使用できないようです。既に TOEIC のスコアをお持ちの方は、それが TOEIC 公開テストのものか IP テストのものか、今一度確認されることを推奨します。

Q10. 上記科目以外に勉強したことはありますか？

　面接や小論文の対策として、医療の世界について背景知識を仕入れました。特に、小幡豊『医学・医療概説』（河合出版、2015）や池上直己『医療・介護問題を読み解く』（日経文庫、2014）が役立ちました。

　面接で大学時代の勉強について聞かれることを見込み（特に医科歯科ではこのことについてプレゼンをさせられると聞いていました）、以前の大学で勉強した内容についても復習しました。

Q12. 息抜きや休憩は何をどれくらいやりましたか？

　勉強で疲れた時には、よく近所を散歩していました。これは高校生の頃からの習慣で、「凝り固まった」頭がスッキリしてやる気が回復するほか、将来をイメージしたり、ごちゃごちゃに詰め込まれた知識を整理したりする上でも散歩は一役買っていたように思います。

　そのほかギターを弾いたり、Twitter を見たり、Amazon Prime や YouTube で動画を見漁ったりしていました。

<u>Q11．勉強において、工夫した点は何ですか？</u>

<u>Q13．振り返ってみて特に役に立ったこと、逆にやらなくてよかったこ
　　とは何ですか？</u>

<u>Q14．勉強に関して、受験生にアドバイスをお願いします。</u>

　フルタイムの仕事の傍ら効率的に勉強を進める必要のあった私は、ポモドーロ・テクニックを活用しました。これはタイマーを使って 25 分間集中し、5 分休憩することを繰り返す時間管理術です。しかしこの時間配分はあくまで目安です。自分は集中力が切れやすいので、はじめは 5 分間集中、30 分休憩といった配分でも許容していました。ただし、「集中」の間は水すら飲まないレベルで集中し、メリハリをつけることを心がけていました。

　これにより効率的に勉強時間を使えたほか、自分がどれだけ勉強したか（机に向かった、ではなく）を正確に把握でき、続けるほどその記録が徐々に伸びていったことからモチベーション向上にも繋がりました。

　そのうち、自分は一度休憩に入ってしまうとどうしても気分がダレてしまい、毎回当初の想定より長く休んでしまっていることに気が付きました。そこで、徐々に「集中」の時間を伸ばし、休憩の回数を減らしていきました。やがて体が慣れ、最終的には（その日の調子によるものの）1 時間半くらい連続で勉強できるようになりました。

　このように「勉強」「その他」を明確に区別した上で勉強時間を記録するようになると、それまで「自分が勉強していると思っていた時間」と「実際に勉強していた時間」の間に相当な乖離があることに気が付きました。よく「自分は一日 15 時間勉強してました」といった人を見かけますし、自分も昔はそんな風に考えていました。今となっては眉唾です。

　いざ勉強時間を記録し始めると、「人は一日 15 時間もまともに勉強

すればブッ壊れる」と思うに至りました。受験期間中に何回かは達成で
きるかもしれませんし、自分の限界を知り自信を付ける上ではこのよう
な経験も重要かもしれません。しかし持続可能性に乏しく、長期的に見
れば非効率です。

　昔の自分にも言い聞かせたいのですが、そのようなことを言う人は、
「ただ机に向かっているだけの時間」とか「間食している時間」とか「つ
い SNS を見ちゃう時間」なども勉強時間に含めてはいないでしょうか？
こういう時間が塵も積もって結構なロスになります。結局、自分の場合、
勉強時間は一日 8 時間が限界だったようです。

　以下、勉強における細かい工夫点をまとめます。

　長時間水平な面を見下ろしていると首がお釈迦になり、勉強に支障が
出ます。そこで、ブックスタンドや、本に傾斜をつけられる台（漫画家
のトレース台のような形のもの）を活用するのがおすすめです。ほか、
首の痛みを緩和するため、サポーターを愛用しています。

　入浴中はなぜか頭が冴えるという方も多いと思いますし、自分もその
一人です。私は耐水性のメモ帳を買って簡単な暗記ノートを作り、湯舟
に浸かりながらアミノ酸の略称や特徴、ホルモンの分類などを覚えるよ
うにしていました。湯舟に浸かっていると色々な疑問が湧くので、忘れ
ないようにそれらを書き留めたりもしていました。体も休まり一石二鳥
です。

　寝る直前に読んだ内容は記憶に残りやすいとどこかに書いてあり、前
の大学を受験した際その通りだったので、今回も活用しました。英単語
帳をベッドでパラパラめくってから寝付くだけでも効果があります。た
だし、ここで内容について疑問が湧いてしまうと気になって眠れなくな
るので、単純な知識の復習にとどめるのがよいでしょう。

　寝ると言えば、寝るのも勉強の内です。たまには徹夜で勉強して自分
の限界を知るような経験も必要かもしれませんが、最低限の睡眠時間を
削ってまで行うような努力は、先述の一日 15 時間勉強同様、これまた

非効率です。翌日以降も安定して勉強するために、睡眠はしっかり取った方が良いと思います（偉そうなことを言っていますが、この原稿を書いている現在の時刻は午前4時です）。自分は夜型人間で、どうしても夕方以降にならないとやる気が出ないので、この点は苦労しました。

　やらなくてよかったことは、不明点を自己解決しようとしたことです。自分は結局一度も予備校の講師に質問することはなく、不明点は自分で調べて解決していました。結果としては確かに合格しましたが、これは時間の浪費や誤った知識の定着に繋がった恐れもあり、決して褒められたことではないと今でも思います。もし誰かに質問できる環境にあるのならば、そうするに越したことはないでしょう。

【出願】

Q15、出願において、苦労したことや、失敗したことは何ですか？

　学士編入の出願には、想像よりも遥かに手間がかかりました。勉強が忙しいからと出願準備を後回しにすると、地獄を見ます。私の場合、出願直前の5月頃は徹夜で書類を準備してそのまま9時から仕事をして、終わったらまたほぼ徹夜で書類準備…といった状況でゾンビのようになっていました。その結果、今思えば志望理由書などに稚拙な点が多々あったように思います。この点は失敗しました。

　出願前には、岡大・医科歯科の事務方とかなり頻繁にメールや電話で連絡を取りました。コロナのせいで試験延期の恐れが出ていたり（実際医科歯科は延期に）、出身大学の窓口業務が停止して成績証明書が暫く取り寄せられなかったり、TOEFLの結果送付が遅れたりといった状況だったので、少しでも配慮してもらえるよう早期から相談していました。

　ただし、これらの連絡はあくまで相談と事実確認にとどめるよう注意しました。今回、大学側が（医療機関としてもコロナ対応に追われるなかで）色々と検討してくれていることは明らかであり、仮に希望通りの措置が取られなくても不平を言うつもりはありませんでした。出願の条

件や手続きを決めるのは大学側であって受験生ではないので、決して「要求」はすべきでありません。

　最終的には、いずれの大学も種々の救済措置をとってくれたので、安心して受験することができました。

Q16. 推薦書が必要な大学が多いですが、どのように対処しましたか？

　出願の 2 か月ほど前、以前所属していたゼミの先生にメールを送ったところ、すぐに快諾いただけました。その後、医学部学士編入の志望理由はじめ依頼の趣旨を説明し、推薦書を作成いただきました。最後にお会いしてから何年も経っていたため、実は恐々としつつの依頼でしたが、当時の私のことを（私以上に）よく覚えていてくださいました。

Q17. 出願に関して、受験生にアドバイスをお願いします。

　先述の通り、医学部学士編入試験の出願にはいずれの大学も相当の手間と時間がかかります。

　推薦書の用意や志望理由書・小論文の作成、成績証明書・卒業証明書の手配はもちろん、TOEFL iBT・TOEIC のスコアを提出させる大学もあります。

　一般受験の出願と同じ感覚でスタートすると痛い目を見るので、勉強開始と同時に出願のスケジュールを立てるくらいの感覚でよいでしょう。

　特に推薦書については、直前に依頼したのでは断られた時に対応しきれませんし、そもそも相手に迷惑です。遅くとも出願の 2 か月前くらいには依頼するのが安全です。

【宿泊と交通手配】

Q18. 宿泊と交通手配について、注意点や失敗体験はありますか？

　特にありませんが、いずれも早く手配するに越したことはないと思います。

Q19、受験前日はどのように過ごしましたか？

　岡大を受験した際、私は昔から寝付きが悪く朝に弱いので、ホテルは
とにかく受験会場から近いところを選びました（大学の目の前）。当日
の朝はさすがに起きられましたが、いずれにせよ余裕をもって準備でき
たので正解でした。受験前日は夜にチェックインし、弁当とエナジード
リンクを買い、1時くらいまで知識の最終チェックをしていました。不
安で寝付けないことがなにより心配でしたが、このような日に限ってすん
なり眠れるところも昔から変わらないようです。

【筆記試験】

Q20、筆記試験の雰囲気（周囲の年齢層や男女比など）はどうでしたか？

　私が筆記試験を受験したのは、岡大と医科歯科の2校です。岡大で
は筆記試験と同じ日に面接があったため受験生が全員スーツを着用して
おり、どこか就活を思わせる雰囲気でした。いずれの大学も、年齢層（20
代〜30代中心）や男女比（女3：男7程度）に大差はなかったように
思います。

Q21、筆記試験での成功点、失敗点は？

　試験開始と同時に全ての問題に目を通し、大まかな時間配分を決めた
上で臨んだことは成功点でした。もっとも、後述のとおり、医科歯科は
それでもなお苦戦を強いられました。

　筆記試験の目標は限られた時間で1点でも多く取ることなので、ど
の問題にしっかり時間をかけるか、そして時にはどの問題を「捨てる」
かといった判断も必要です。予め問題ごとの制限時間を決めておかなけ
れば、この判断ができません。

　試験科目について、岡大は生命科学と科学英語、医科歯科は自然科学
総合問題でした。

　岡大の生命科学は、ざっくりとした問題に対して自由に記述するよう

な内容で、書く分量は多いものの、しっかり勉強していればそれなりに点数がくるのではないかという印象を抱きました。科学英語は英語論文の読解問題でした。いずれの科目も特に大きな失敗なく、スムーズに終えられました。

　医科歯科の自然科学総合問題は実質的に英語の試験で、英語の論文・記事を読解する問題が主でした。問題文・問題とも難易度は高くなかったように思いますが、とにかく分量が多く、遅筆の私にはとても全問解答するのは無理でした。

Q22. 筆記試験の出来は、各科目何割くらいでしたか？

　あくまで試験終了時の感触ですが、解答欄の埋まり具合／得点について、

・岡大…生命科学　8 割 /6 割、科学英語　9 割 /7 割

・医科歯科…自然科学総合問題　7 割 /5 ～ 6 割

程度でしょうか。

Q23. 筆記試験に関して、受験生にアドバイスをお願いします。

　学士編入に限らず、試験会場には時計が置かれていない場合が殆どだと思うので、腕時計は必須です。

　大事な試験を受ける前にはブドウ糖を舐めるのが高校生の頃から自分の中で儀式化しており、今回もそのようにしました。ブドウ糖に限らず、本番の前に決まった行動をとると、少しだけ集中力が高まる気がします。試してみてはいかがでしょうか。

【志望理由書と面接】

Q24. 志望理由書の作成についてアドバイスをお願いします。

　私自身必ずしも満足な志望理由書を書けたとは思っておらず、しかも結局面接を受けたのは岡大のみだったので、志望理由書と面接についてあまり有益なアドバイス、一般的なアドバイスは提供できそうにありません。以下このことを踏まえて読んでいただければ幸いです。

　まず、医学部の学士編入試験において志望理由は極めて重要です。

　一般入試と比べ学士編入の受験生は高齢であることが多く、厳しい言い方をすれば、その分だけ進路を誤った際の回復可能性が低いと言えます。つまり、学士編入において、入学後の「思ってたのと違う」が生むリスクはより高いのです。これは、受験生の大学に対する評価、大学の受験生に対する評価ともに当てはまります。このことが、学士編入試験において志望理由の重要度が高いことの主たる理由と考えます。

　換言すれば、学士編入試験において大学は、入学後も確実に医学部に残りたいと思ってくれる人、そして入学後も確実に医学部に残らせたいと思える人を選ぶために、志望理由を厳しく問うのです。

　志望理由は、文字通り捉えれば「なぜその大学に入学したいのか」です。しかし上記のことを踏まえると、ただそのことを書き連ねても大学を納得させることはできません。受験生の入学後の姿を想像できないからです。したがって、志望理由書を作成する際は、「文字通りの志望理由」のみならず、それを踏まえて将来どのような医師になりたいのか、そして志望校に入学することがその実現にどのように有利に働くのかを考えることが重要です。

　では私はどうだったのかというと、医療に従事した経験がなく、医師になった後の自分を想像するのに苦戦しました。もちろん、冒頭に書いた「医学部学士編入の受験を決意したきっかけ」をもとに、こんなことがしたいという漠然としたイメージはありました。

　しかし27歳の人間が「漠然とした」イメージで医学部に入りたいといって合格できるほど医学部は甘くありません。しかも学士編入試験では、看護師や歯科医、薬剤師といった現役の医療従事者とも戦わねばなりません。説得力を持たせられるだけの志望理由を練るため、先述の書籍などを通じてなるべく医療に関する情報を集めたほか、現役の医学生（学士編入）に志望動機等の出願書類をチェックしていただきました。この点、同じく岡大に合格した著者の一人（文系出身）は医学部学士編

入を決意したのちに病院で勤務したそうですが、これは英断だと思います。

Q25. 各大学の特徴をどのように調べましたか？

　まずは志望校の募集要項を精査しました。ここには一見当たり障りのないことが書いてありますが、よく読んでみると「地域医療」「国際的」「研究」といったキーワードの使い方など、大学ごとに異なります。この差を見逃す手はありません。

　次に、各大学の HP を調べ、特徴を探し出しました。例えば岡大は卒後臨床研修 1 年目から大学院に入学でき、その分 PhD を早期に取得できるプログラムがあります。これは年齢の面でハンデを持つ自分にとって有利に働くと考えました。他大学でも類似のプログラム（MD-PhD コース）はあるようですが、岡大はこのプログラムを全国に先駆けて実施していることを謳っており、面接での回答材料としました。

Q26. 面接対策として、どのような準備をしましたか？

　日ごろから面接の想定問答や注意点を携帯にメモしておき、回答間で矛盾が生じないかを検討したり、面接直前に見返せるようにしたりしました。面接で聞かれた質問の多くはこの想定問答の範囲内だったので、この試みは正解でした。

　面接では（医学部全般および各大学の）志望動機、推薦書を書いていただいた先生とのやり取り、自分の経歴、そして医療界に関する知識が特に問われるだろうと考え、想定問答はこれらを中心に作成しました。ただし、面接は対話の場であり、同じ質問でも文脈や相手の様子によって回答を変える必要があるので、詳細な回答を作成してそれを暗唱するようなことは敢えてしませんでした。

　その他、面接では出願時の提出書類をベースに質問がされると考えました。提出書類の控えは必ず持っておくようにしましょう。特に手書き

での提出が求められる場合は要注意です。

Q27、なぜ〇〇大学なのですか？　という問いにはどのように答えれば
　　いいですか？

　先述のとおり、各大学の特徴（他の大学と異なる点）を事前に調べ、これらが自分の将来像を実現する上でどのように有利に働くのかをベースに回答するのが良いと思います。

Q28、面接でよく聞かれた質問は何ですか？　どう答えましたか？　面
　　接官の反応はどうでしたか？

　岡大でしか学士編入の面接を受けていないので何とも言えませんが、やはり COVID-19 に関する質問は出ました。その場で何とか頭をひねって回答しましたが、面接官の反応から、おそらく模範解答ではなかったのだろうと思います。

　しかしその場で真剣に考え論理的に回答しようとしたこと、そして一定の知識を持っていたことは伝わったようです。

　そのほか、どのような医師になりたいか、患者とどのようにコミュニケーションを取るべきかなど、人格を探る質問が多かったように思います。このような質問については、その場で取り繕ってもボロが出るので、正直に答えるよう心がけました。結果としては、比較的和やかな雰囲気で面接を終えることができました。

Q29、実際の面接での成功談、失敗談について教えてください。
Q30、面接に関して、受験生にアドバイスをお願いします。

　ここまで未出の点として、第一印象には気を使いました。

　例えば面接室に入る前のノックの仕方、声の出し方やネクタイの締め方、姿勢など。

　どれもしょうもない、表層的なことだと思われるかもしれません。内心を言えば、私も同意見です。

　しかし１人あたりせいぜい 15 分しか与えられない時間で、面接官に「自分の本当の姿」を知ってもらおうという考えには、残念ながら無理があります。面接という短時間かつ一度きりのやり取りにおいて、第一印象は、相手がこれを意識するせざるに関わらず、どうしても重要にならざるを得ません。「しょうもないこと」だからこそ、そこで思わぬ不利益を被らないよう注意が必要です。

　私の場合、第一印象に注意したことが奏功したのか、面接の冒頭で面接官に好印象を与えられた感覚を覚えました。具体的には、（言葉にするのが難しいのですが）なんとなく面接官との距離が近くなった感覚、部屋の空気が軽くなった感覚に近いと言えます。以前就活をしていた時に、冒頭でこのような雰囲気になった面接はその後の質疑も大抵うまくいきましたし（裏も然り）、今回も同様でした。

　その他、面接の恐ろしい点は、いざ相手を目の前にすると「言葉が出てこず、伝えたいことも伝えられない」ということです。私もまだまだですが、懸念のある方はとにかく模擬面接をこなしてフィードバックをもらい、場馴れしておくことを強く推奨します。

【合格】

Q31. 合格した時はどんな状況で、どんな気分でしたか？

　仕事の昼休みに岡大の HP で合格発表を見ました。自分の受験番号があった時、とにかく安心しました。

　ポケットの中でぐしゃぐしゃになった受験票とパソコン画面を並べた写真を撮って、しばらくの間ニヤニヤしながら眺めていました。

Q32. もう一度受験するとしたら、どんな点を改善しますか？

　出願準備をより早期から始めます。

Q33. 最後に受験生にメッセージをお願いします。

　一度きりの人生です。どうせやるなら死ぬ気でやりましょう。

　これは今後の私自身に対する戒めでもあります。

◆合格者②．大崎千尋

【プロフィール】

・氏名：大崎千尋（おおさきちひろ）

・受験時の年齢：31 歳

・受験時の立場（社会人 or 学生）：社会人

・合格大学：鹿児島大学

・略歴：九州の離島生まれ。2014 年私立大学薬学部薬学科卒業、薬剤師免許取得。2 年間、僻地の薬局に薬剤師として勤務。2016 年から母校の大学助手として勤務し、同時に同大学大学院薬学研究科博士課程に入学。博士課程中に結婚。2020 年 3 月に博士号（薬学）取得。

【受験全体像】

Q1．医学部学士編入の受験を決意したきっかけは何ですか？

　医学部学士編入を受けようと決意した大きなきっかけは、新型コロナウイルスの蔓延でした。しかし、それまでに至るには少し長い過程があります。

　私は生まれ育った環境が離島・僻地だったため、常に医療格差という問題を身近に感じながら育ちました。特に大好きだった祖父の闘病を通じて僻地医療の問題を目の当たりにし、中学校 3 年生の頃に医師として離島・僻地医療に携わりたいという夢を持つようになりました。

　しかし、大学受験では 1 浪を経ても地元の国立大学医学部に合格できず、家庭の経済状況も考慮して、地元の私立薬学部に進学することにしました。

　大学を卒業後、薬局薬剤師として働き始めましたが、医師になるという夢は常に心の中にあり、26 歳の時に医学部学士編入を受験するか考えました。そこで、尊敬する経営者の先輩に相談したところ、「今のあなたの状態で医学部編入試験を受けても、1 次試験に合格するには最低

2 年はかかると思う。そして 1 次試験に受かったとしても 2 次試験で
インパクト不足になる可能性も大いにある。だから、一度薬学の道を修
めてから受験してみたらどうでしょうか?」とアドバイスをいただきま
した。

　このアドバイスは非常に遠回りに感じましたが、素直に受け入れ、母
校の大学院に進学することを決意しました。進学と同時に助手として採
用いただき、研究活動を生業にしつつ、無事に 4 年かけて博士号を取
得しました。

　研究活動も非常に面白かったため、このまま研究者として医学・薬学
に貢献していこうかと悩みましたが、丁度その時期に新型コロナウイル
スの蔓延が日夜報道されるようになりました。現場で日夜奮闘する医療
従事者の姿を報道で目にし、一部の離島・僻地の病床がひっ迫する状況
を耳にし、15 歳の時に誓った夢を叶えられずに自分が現場に立ててい
ない状況を非常に悔しく思いました。これによって当初の志が再燃し、
これまで培った薬の知識や研究マインドを生かしつつ医師として現場で
活躍していくことを決意し、受験勉強を始めることにしました。

Q2、いつから受験を始めて、合格までにどれくらいかかりましたか?

　期間としては、4 ヶ月間でした。2020 年 5 月末に情報収集を行い、
本腰を入れて勉強を始めたのが 2020 年 6 月頭からです。同年 9 月に
1 校から 1 次試験の合格をいただき、同年 10 月に 1 校から最終合格を
いただきました。

Q3、どこの大学を受験しましたか?　受験校はどのように決め、結果は
　　どうでしたか?

　私は既婚女性という立場もあり、主人の実家から車で移動できる範囲
の九州・山口エリアの大学のみを志望しておりました。また、受験を開
始しようと考えた時期が遅かったため、模試を受けることができません
でした。

　そこで、実際の会場の雰囲気や問題の内容を把握するために、勉強を開始して1ヶ月も経たない時期に、申し込みが間に合った山口大学を出願しました。その後も、長崎大学、鹿児島大学、琉球大学を立て続けに出願しました。山口大学、長崎大学は1次試験に不合格でしたが、鹿児島大学では1次試験をなんとか突破し最終合格をいただけました（琉球大学は受験前に鹿児島大学に最終合格をいただいたので、1次試験を辞退しました）。

受験校	出願	1次試験	2次試験
山口大学	○	不合格	―
長崎大学	○	不合格	―
鹿児島大学	○	合格	合格
琉球大学	○	辞退	―

Q4. どのような受験戦略でしたか？

　実際のところは、1年半かけて合格する予定でしたので、まさか4ヶ月で合格をいただけるとは思っておりませんでした。私としては、1年目で2〜3校受験して医学部学士編入試験の実態を掴み、2年目で合格を狙いに行くつもりでした。

　私が短期で合格できた一番の要因は、恥と恐れを捨てて、勉強開始して数ヶ月で試験を受けに行った姿勢だと思います。

　さらに、年齢的な焦りや受験勉強によって夫に負担をかけている罪悪感から、1日でも早く合格したいという気持ちが強く、必然的に自分を追い込んだために早めに合格をいただけたのだと思います。また、博士課程で培った研究の知識、医学論文の読解力、プレゼンテーションの力も受験を後押ししてくれたと思います。結果としては遠回りに感じた博士課程の道のりが、医学部学士編入試験では多いに役立ちました。

Q5. 医学部編入予備校の利用はどのようにしましたか？

　私は予備校を利用しませんでした。理由としては、夫と共働き家庭だっ

たため、家の財産を一人で自由に使える立場ではなかったからです。不確実なことに共有財産を使うことは憚られましたし、実際に合格した後のお金も計算すると予備校にお金を回す余裕はないと判断しました。さらに、以前大学受験で浪人した時も、予備校の膨大な知識を上手く活用できなかった反省があったため、とりあえず予備校は見送ろうという結果になりました。

Q6. 受験にかかる費用や生活費はどうしていましたか？

　夫の稼ぎもありましたし、私自身も働いていたので生活費に困ることはありませんでした。入学後のことも考えて出来るだけ貯金をするように心がけていました（1 年間で 150 万円近く貯金しました）。

　受験にかかる費用は、夫にお願いして、その年の夏のボーナスだけ自由に使わせていただくようにしました。最終的に必要な受験対策の本や受験料、旅費はトータルで 50 万円以内に収めることができ、生活の負荷もかかりませんでした。

【勉強】

Q7. 勉強開始前、生命科学、英語、化学、物理、統計学はどれくらいできましたか？

・生命科学：薬学部卒かつ研究職ということもあり、一から始める人より生物の知識はあったと思います。しかし、薬剤師国家試験の受験からかなり経過していたので、生物の細かな知識は一からやり直す必要がありました。

・英語：2019 年に英検は準 1 級を取得、TOEIC スコアに関しては 2020 年 10 月時点で 840 点というレベルでした。大学院で医学論文を読んだり書いたりする必要があったため、医学部学士編入試験の英語に関しては、かなりアドバンテージがあったと思います。

Q8. 各科目をどのように勉強しましたか？　教科書・参考書は何を使用

しましたか？

　大前提として私は予備校を利用しておりません。また受験勉強の期間が1次試験に関しては3ヶ月しかなかったので、生命科学と英語のみに勉強を絞りました。勉強時間の割合は、生命科学：英語＝8：2でした。

・生命科学：まずは過去問を入手して、出題されやすい範囲の研究を行いました。その結果、私は薬学部出身ということもあり、大学時代に医学部学士編入試験で出題される範囲はほとんど履修しておりました。復習のために、薬剤師国家試験で使っていた薬学ゼミナールが出版している『薬剤師国家試験対策参考書〈青本〉生物』を3ヶ月の間に2～3周復習しました。この本の素晴らしい所は図が見やすく、生化学・遺伝・微生物・細胞生物学・各器官の概論を満遍なく学べるところです。ただし、一部の章は医学部学士編入試験で出題されにくいのでカットしました（例えば、薬剤師の勉強ではマストとなる受容体に関する章等です）。このように勉強する章・しない章の緩急をつけて勉強をしました。

・英語：Nature News（無料）のサイエンスニュースを分野の偏りがないようにピックアップして、制限時間を決めて読む練習をしました。その後、全体の要約を行い、英文をGoogle翻訳にかけて大意が掴めているかどうかを確認しました。

　『でる順パス単　英検1級』（旺文社）と『でる順パス単　英検準1級』（旺文社）で単語の暗記を行いました。また、『医学部編入への英語演習（KS生命科学専門書）』（講談社）の末尾付録である医学用英単語も暗記をしていました。

Q9、TOEFL、TOEICはどうしましたか？

　勉強を開始する時期が2020年6月だったため、新型コロナウイルスの影響で、TOEICを10月まで受験することができませんでした。島根大学は3年次編入が魅力で出願したかったのですが、TOEICスコアがなく出願が叶いませんでした。TOEFLは受験していません。出願校を確定していなくても、TOEIC及びTOEFLのスコアは早めに準備して

おいた方が良いと思います。

Q10、上記科目以外に勉強したことはありますか？

　私の場合、1 次試験に向けての勉強時間が 3 ヶ月しかなかったので、上記のこと以外はなかなか手を出せませんでした。鹿児島大学の 2 次試験が終わってから、琉球大学 1 次試験に向けて勉強を開始しました。その際は、高校物理と高校化学を復習するために「スタディサプリ（スタサプ）」のオンライン授業を活用していました。結果としては、琉球大学の 1 次試験よりも前に鹿児島大学の最終合格が出たので、これらの勉強を生かす機会はなかったのですが、「スタサプ」は、授業も非常に分かりやすく、テキストも充実していたので会員登録して手頃な価格だったにも関わらず正解だったと思います。

Q11、勉強において、工夫した点は何ですか？

　まず学習環境を整えました。家に大きな机と長時間座っても疲れない椅子、機能性の高いデスクライトを導入しました。また、私は家事もしなければならなかったため、乾燥機などの家電も導入して家事の時間を極力減らすようにしました。

　次に、勉強の記録をつけることを徹底しました。私の場合は、スマホアプリで記録をしていました。集中した時間だけを記録し、なんとなくダラダラした時やうっかり脱線した時間は記録につけないようにしました。そして 1 日の最後に必ず何時間勉強したかを確認してから寝るようにしていました。こうすると「昨日の自分に勝ちたい」という思いが湧くため、1 日の勉強量が徐々に増えていきました。

Q12、息抜きや休憩は何をどれくらいやりましたか？

　休憩の時はアラームをつけて、10 分だけでもいいので目を閉じて寝ました。あとは飼い猫と遊んでリフレッシュするようにしていました。

Q13、振り返ってみて特に役に立ったこと、逆にやらなくてよかったこ
　　とは何ですか？

　振り返ってみて特に役に立ったことは、時間を惜しまず受験勉強を開
始する前に「勉強のやり方」を徹底研究したことです。特にYouTube
で東大生の方が現役合格までに行っていた勉強方法や計画の立て方を視
聴した他、主婦で子育てしながら英検1級に合格し、TOEIC990点を達
成した方のブログ（あき@日英通釈者：http://note.com/englishpuppy）
を参考にして、自分なりに戦略を立て、大まかな年間計画を作りました。

　逆にやらなくてもよかったことは、「綺麗なノートをまとめること」
です。恥ずかしながら、勉強を始めて3週間ほどは、参考書の内容を
ノートに綺麗に書き写して覚える作業をしていました。しかしながら、
出来上がったノートより参考書を見た方が遥かに綺麗にまとまっていま
すし、暗記という面でも非常に効率が悪いと途中で気づき、そのノート
は破り捨てました。最終的には、参考書の内容を何度も口で言ったり、
裏紙に殴り書きして覚え、演習を解きまくり高速にインプットとアウト
プットを繰り返して脳の回路を作っていくことが一番の近道だと分かり
ました。

Q14、勉強に関して、受験生にアドバイスをお願いします。

　医学部編入受験は、一人一人状況や立場が異なります。社会人であっ
たり学生であったりフリーターであったりと、それぞれの立場でそれぞ
れの問題が出てきます。それをいかに克服して自分の生活スタイルに
合った勉強方法を確立していくことが重要だと思います。

　もう一つのアドバイスは（ショートスリーパーの方以外は）睡眠を削
らない方がいいということです。睡眠中に記憶の整理や定着は起きるの
で、勉強を頑張ったら後は思いっきり寝る方が得策だと思います。私も
最低5時間は睡眠を取るようにしていました。

　最後に、必ず計画を立ててください。そして計画というものは必ずそ

の通りにはいかないことも覚えておいてください。計画を行い実行し、軌道修正をする、このサイクルを繰り返していけば、徐々にではありますが、確実にゴールに近づいていけるはずです。

【出願】

Q15. 出願において、苦労したことや、失敗したことは何ですか？

　多くの方が口をそろえて言われると思いますが、出願で一番大変だったのは、志望動機の作成でした。特に私が受験した中でも大変だったのは長崎大学です。手書きで志望動機を書かなければならず、志望動機の作成と添削、そして書き写しの作業だけで1日以上使ったと思います。

Q16. 推薦書が必要な大学が多いですが、どのように対処しましたか？

　私の場合は、直属の上司（大学教授）が理解のある方だったので推薦状に困ることはありませんでした。上司は、以前にも医学部学士編入の推薦書を書いた経験があったため、かなり柔軟に対応いただきました。上司は、私のこれまでの業績などを全て把握していたので、熟慮して原稿を書いてくださいました。鹿児島大学の面接では、推薦書から多くのことを聞かれたので、サポーティブな推薦書を書いてくださった上司に今でも感謝しております。

Q17. 出願に関して、受験生にアドバイスをお願いします。

　私は当初、2〜3校に出願するつもりが、結局4校出願したので成績表などの書類が足りなくなりました。この経験から、多めに成績表や卒業証明書は大学に請求しておくと良いと思います。

　出願は色々な書類を集めたり書いたりする作業が多いので、本当に心折れそうになります。この段階で一種のフィルターになっているような感覚にさえ陥ります（これらの書類すら集められない人間は医学部には要らないという大学側の意思表示だと私は捉えていました）。受かるためには、「人生は面倒くさいことの積み重ね」だと思い、とりあえず出

す所から始めるしかないと思います。

【宿泊と交通手配】

Q18. 宿泊と交通手配について、注意点や失敗体験はありますか？

　私は、職業柄、学会発表等で出張が多く、宿泊や交通手配はかなり慣れていたため、失敗した体験等は特にありませんでした。私からのアドバイスとしては、受験会場になるべく近い宿を予約して、前日に予定している方法（徒歩・タクシー・電車等）で下見に行くことが一番確実と思います（個人的には徒歩圏内ならば、徒歩がオススメです）。タクシーで行く場合は、必ずタクシーの運転手に朝の混雑状況を確認してください。

Q19. 受験前日はどのように過ごしましたか？

　移動時間を活用してこれまでの復習を行いました。ホテルの部屋でもこれまで勉強してきたまとめノートを見直しました。

　受験前日は遅くても夜10時にはベッドに入るようにしました。遅刻するのではないかという不安で眠れなくなるのを防ぐために、ホテルのモーニングコールや目覚まし時計を活用し、夫や友人にも指定の時間にLINEが来てない場合は電話で起こしてもらうようにお願いし、睡眠をよくとるようにしました。朝5時半には起床して、試験時間に頭が回転するようにしました。脳を活性化させるために試験会場までの距離（20分程度）は歩くようにしました。

【筆記試験】

Q20. 筆記試験の雰囲気（周囲の年齢層や男女比など）はどうでしたか？

　筆記試験は、山口大学、長崎大学、鹿児島大学を受験しました。

　山口大学は年齢層が低く、20代が多かったように感じました。

　長崎大学の年齢層は幅広く若い方から40代の方まで広く見られたように思います。長崎大学は、最初試験会場に入った時は、冷房が効きすぎていて非常に寒かったので、羽織れる上着を持っていくことをお勧め

します。

　鹿児島大学は、どちらかというと年齢層が高めで、30 代〜 40 代の方が目につきました。鹿児島大学の筆記試験会場は、辿り着くまでに遅刻坂があり、筆記試験は夏に開催だったこともあり、ここで多くの受験生が体力を奪われたと思います（私は鹿児島大学だけは、電車とタクシーを使いました）。

Q21、筆記試験での成功点、失敗点は？

　私は受験勉強を始めたのが 6 月だったので模試を受けられませんでした。そのため、模試代わりに直近で行われる山口大学を出願しました。勉強して 1 ヶ月ほどしか経っていなかったので、あまりにも無謀とは分かっていましたが、医学部学士編入試験会場の試験の雰囲気や、受験の移動で気をつけることなどを知ることができたので、受けて正解だったと思いました（当然ですが、山口大学は 1 次試験不合格でした）。

　次に鹿児島大学の筆記試験を突破した成功点は、鹿児島大学は試験の点数配分が理科：英語 =100 点：100 点だったことです。理科は勉強期間が短かったため、正直な所、合格最低点のラインを突破する程度の得点率だったと思います。しかし、英語に関しては、分量が多かったにも関わらず、最後の小問 1 を残して全て埋めることができました。答案回収の際に、ほとんどの方が英語の大問 3 問のうち大問 2 問目までしか埋められていなかったので、ほぼ大問 1 問分の差を広げられたことが 1 次試験を突破した成功点だと思います。

Q22、筆記試験の出来は、各科目何割くらいでしたか？

　山口大学の 1 次試験の理科（物理・化学・生物・数学・統計など）は、ほとんど解けませんでした。よくて 3 割取れた程度だったと思います。一方、英語はかなり高得点だったと思います。

　長崎大学の 1 次試験の生命科学は 4 割程度の得点率だったと思います。英語は 7 〜 8 割の得点率と予想しています。長崎大学は生命科学の

比率がかなり大きいので、英語が解けても生命科学で点数が伸びないと突破できないことが分かりました。

　鹿児島大学の1次試験の理科は3〜4割の出来だったと思います。英語は7〜8割取れたと予想しています。Q.21.でも述べましたが、鹿児島大学の場合は、理科と英語の配分が100点ずつのため、英語で大分点を稼げたため突破できたと思います。

<u>Q23、筆記試験に関して、受験生にアドバイスをお願いします。</u>

　筆記試験に関して、私が勉強の際に気をつけていた点は2点あります。1点目は色々な問題集に手を伸ばし過ぎないこと、2点目は反復し基礎を徹底することです。焦る気持ちから、全ての問題を掌握したいという気持ちはよく分かるのですが、手を伸ばしすぎると空回りの原因になります。圧倒的な基礎力をつけるために自分にあった教本・問題集を厳選し、反復を徹底されてください。

【志望理由書と面接】

<u>Q24、志望理由書の作成についてアドバイスをお願いします。</u>

　月並みなことしかアドバイスできませんが、自分が書いたものを信頼できる方、特に人事に関わったことのある方（できれば複数）に読んでいただきアドバイスを求めることが一番良いと思います。

　また、自分のこれまでの経歴を繋げて書いていくことが大切だと思います。志望校の特色（アドミッションポリシーなど）に内容をすり合わせていくことも面接対策の時に大事になってきます。例えば、私の場合は出願した全ての大学が地域医療に力を入れていました。そのため、私は自分の生まれ故郷が僻地・離島であったこと、離島で育ち医療に対して感じたことを述べ、大学側が教育方針として掲げる地域医療に繋げることで、ある程度説得力のある志望理由書を作ることができたと思います。

<u>Q25、各大学の特徴をどのように調べましたか？</u>

　各大学の特徴は、各大学の HP と募集要項から収集しました。また自分の勉強の時間の確保も必要であるため、アウトソーシングも有効だと思います。私の場合は、情報収集の上手な友人にも手伝ってもらいました。大学の設立の歴史から、最新の研究、大学病院で導入されている技術などを調べ上げて 1 冊のファイルにまとめて、面接前の移動時間や面接直前も見直すようにしました。「これだけ調べ上げた！」という謎の自信は、ある意味良い精神安定剤になったと思います。

Q26. 面接対策として、どのような準備をしましたか？

　私が 2 次試験を受けた鹿児島大学は、面接の点数が 100 点もありました。これは、うまく行けば大逆転の可能性もあると考え、入念に準備を行いました。

　具体的には、面接の練習を 1 人でする時は、必ずカメラで録画するようにしました。そしてその録画した内容を見返して、自分の面接の際の癖を把握し修正するようにしました。

　さらに面接の 1 週間前には夫や友人たちに協力していただき、会議室を予約して実際の面接を 3 回ほど行い細かく指導していただきました。この時も自分の面接風景は動画で録画しました。人事経験のある友人に面接スコアシートを作成していただき（図）、実際の面接の様子を評価・点数化していただきました。面接スコアシートについては、その質問の意図は何か、そこから何が読み取れるか、受験生としてどのように答えるべきか、面接官の心をどう揺さぶるかなどのアドバイスを書き込んでいただきました。これらのことが具体的な面接の改善に繋がったと考えています。

Q28. 面接でよく聞かれた質問は何ですか？　どう答えましたか？　面接官の反応はどうでしたか？

　鹿児島大学では、職歴の長い研究について聞かれると考えていました

が、実際には薬剤師での経験を深く聞かれました。「なぜ薬局薬剤師を選んだのか」、「在宅をしていたか」、「薬剤師という仕事は楽しかったか」などを聞かれました。難しかった質問は、「なぜ多くの人を救える研究より、個人個人を助ける医師の道を選ぶのか？」「薬局をしていて苦しかった経験は？」の二つでした。

　前者は、「医師は研究者に含まれると考えており、その中で医師と研究者の決定的な違いというのは、医師は直接患者の顔を見られるということである。医師という仕事は患者の顔を見てコミュニケーションをとり、それを研究に反映し、また患者に還元するというサイクルができる唯一の仕事である。その点で医師という仕事は非常に魅力的であり、これまでの研究職で培ったスキルを生かしつつ医師として働きたいと考えた」と答えました。

　後者はなかなかうまく答えられませんでした。薬剤師としての楽しかったこと、学んだことはすんなり思い出せるのですが、苦しかったことは記憶から削除されやすいせいか全然出てこず…でした。

　鹿児島大学の面接官は圧迫もなく、始終物腰柔らかい印象でした。逆に時間も短く、面接官の柔和な態度から受かったかどうかの手応えは全くありませんでした。

Q29、実際の面接での成功談、失敗談について教えてください。

　私の場合は既婚者ということで、「家庭と両立しながら医学部を卒業できる」ことについて面接官を説得する必要がありました。そのため、面接前には、最終合格した後のプランを夫と入念に話し合っていました。夫は大学のある県に家族で移住すること、転職して家計を支えること、私の勉強環境のサポートをすることを約束してくれました。

　上記のことを自分の言葉でしっかり説明し、夫婦揃って覚悟があることを伝え、面接官を納得させることができたため最終合格に繋がったと考えています（夫が一緒に移住する話をした際は、面接官の先生方はか

なり驚かれていました）。

Q30、面接に関して、受験生にアドバイスをお願いします。

　1 次試験を突破しても、それはまだ合格ではありません。2 次試験に通って初めて正規の合格です。1 次試験を何個も受かっても、2 次試験に 1 校も通れない人もいれば、1 次試験に 1 校しか通らなかったとしても、そのたった 1 校から最終合格をもらえる人もいます。そのため、小手先の対策ではなく、1 次試験と同様に万全の対策をとることを強くお勧めいたします。

【合格】

Q31、合格した時はどんな状況で、どんな気分になりましたか？

　仕事場のデスクで自分の合格発表を見ました。自分の受験番号の数字を見た途端、涙が溢れてきました。15 歳から抱き続けた夢を 16 年かけて執念で叶えたので、言葉では言い表せない、これまでに体験したことのない感動でした。医学部学士編入のことは、夫と 2 人の友人、上司、実妹にしか相談していなかったのですが、ずっと応援してくださっていたその方々に対して感謝の気持ちでいっぱいでした。『絶対に良い医師になって社会に返していきます』と心に誓った瞬間でした。

Q32、もう一度受験するとしたら、どんな点を改善しますか？

　博士課程に進み博士号をとった経験は何事にも代え難く素晴らしい経験だったと思う一方で、もう一度受験する場合はもっと早く受験すると思います。できれば 20 代で受けたかったと思いました。

　私が 20 代での受験をためらった大きな理由は、学歴コンプレックスがあったためです。私は私立の薬科大出身ですが、薬科大の偏差値ランキングでは下から数えたほうが早い大学でした。このような大学からでは、どんなに勉強を頑張っても医学部学士編入で合格をもらえないのではないかという考えがあり、なかなか挑戦できませんでした。

　しかしながら、実際のところ、私の大学の薬学部出身で医学部学士編入を達成した人は私を含めて4名います。このことから、学歴にこだわるよりも、1次試験の点数でいかに高得点をとるか、面接をいかにそつなくこなすことができるかに力を注ぐ方が圧倒的な合格の決め手になると分かるはずです。

　私は31歳で受験し、家庭もあり、在学中に子供を産むことも検討しているため本当にギリギリで滑り込んだ感覚の受験でした。1日でも早く医師になった方が1日でも多く医学に貢献できます。現在医学部学士編入を検討されている方は、「今日が一番若い日」と思い、出来る限り早く行動に移して欲しいと思っております。

Q33、最後に受験生にメッセージをお願いします。

　最後まで、私の体験記を読んでいただきありがとうございました。

　受験からこの本を執筆するまでに応援してくださった夫と、受験対策や執筆の資料提供にご協力いただいた友人の山田高義氏に心より感謝申し上げます。

　Apple 創立者、スティーブ・ジョブズの言葉をお借りします。

　「自分の心と直感に従う勇気を持つ」こと。

　そして、今がこれまで辿ってきた**「点と点を繋げる」**時です。

　皆様のそれぞれの夢が叶いますことを心からお祈り申し上げます。

令和　年　月　日　　時　　分

令和○年度○○大学医学部医学科
学士編入第 2 次試験

合	否

面接採点チェックシート

受験番号	番

男・女

得点

1	入室時ノック		点
2	受験番号		点
3	氏名		点
4	挨拶		点
5	着席位置		点
6	髪型		点
7	持ち物		点
8	態度		点
9	声の大きさ		点
10	ハキハキしているか		点

※　加点は、1 点以下で採点。マイナス点評価を認める
　　以上、第一印象

1　当大学の志望理由　　　　　　　　　　　　| 点 |

受験生
回答
概略メモ

最高 2 点

2　社会に出て何を学んだか・何をしてきたか　| 点 |

受験生
回答
概略メモ

最高 2 点

3　研究についての考え方を述べよ　　　　　　| 点 |

受験生
回答

概略メモ　　　　　　　　　　　　　　　　　　　　最高2点

| 4 | 医師を志望した理由 | 点 |
受験生
回答
概略メモ　　　　　　　　　　　　　　　　　　　　最高2点

| 5 | 将来、どんな医師になりたいか | 点 |
受験生
回答
概略メモ　　　　　　　　　　　　　　　　　　　　最高10点

| 6 | 当大学に合格して医師になった場合、勤務希望地はありますか | 点 |
受験生
回答
概略メモ　　　　　　　　　　　　　　　　　　　　最高10点

| 7 | ○○県内で働く気はありますか | 点 |
受験生
回答
概略メモ　　　　　　　　　　　　　　　　　　　　最高10点

| 8 | 将来の医療がどのようになると予想するか | 点 |
受験生
回答
概略メモ　　　　　　　　　　　　　　　　　　　　最高10点

| 9 | 何科の医師になりたいですか。そしてそれは何故ですか | 点 |
受験生
回答
概略メモ　　　　　　　　　　　　　　　　　　　　最高10点

| 10 | 女性医師としての強みと弱みについてどのように考えるか | 点 |
受験生
回答
概略メモ　　　　　　　　　　　　　　　　　　　　最高10点

11 受験生 回答 概略メモ	最近の出来事で、心を動かされたのはどんなことか		点
			最高 10 点

12 受験生 回答 概略メモ	質問 NO.		点
	.		最高 2 点

総合評価	全体としての話の整合性と論理性		点
	熱意		点
	将来性を感じたか		点
	欲しいか欲しくないか		点
	退室時作法		点

※上記 5 項目を合計 10 点で評価。マイナス点も認める

欠格事由はないか　　　　　　　　　　　　有　　　無

寸評	

面接対策で使用したスコアシート（Q26 参照）

◆合格者③. 加我友寛

【プロフィール】

・氏名：加我友寛（かがともひろ）

・受験時の年齢：28 〜 29 歳

・受験時の立場：フリーター

・合格大学：愛媛大学

・略歴：北海道出身。2016 年北海道大学医学部保健学科看護学専攻卒業。同年 4 月、独立行政法人労働者健康安全機構 関東労災病院 看護部入職。病棟看護師として 4 年間従事し、2020 年 4 月退職。同年 9 月、愛媛大学医学部医学科 2 年次編入試験正規合格。

【受験全体像】

Q1. 医学部学士編入の受験を決意したきっかけは何ですか？

　急性期病院で 4 年の臨床経験を経て、" 看護 " の素晴らしさを多く経験した一方で、患者や家族の想いに応えられない医療の現実に直面しました。30 歳を目前に、「人生をかけて果たしたいことは何か」と自問自答する中で、患者や家族の「最期は自宅で迎えたい」という想いに少しでも貢献したいと思い、訪問診療医を志しました。

　また、ちょうどその同時期に、友人から編入学という選択肢もあることを教えてもらい、過去問などを閲覧する中で勉強すれば合格できそうだと直感的に判断したことがきっかけで医学部編入試験を受験しました。

Q2. いつから受験を始めて、合格までにどれくらいかかりましたか？

　2019 年の春頃から仕事と両立しながら独学で勉強を開始し、最終合格までには 1 年半弱を要しました。看護師として従事していた期間は、勤務形態が 3 交代制のシフト制であったため、仕事の前後では十分な勉強時間を確保することができず、本格的に勉強に専念できたのは退職し

た 2020 年の 4 月からでした。

Q3.　どこの大学を受験しましたか？　受験校はどのように決め、結果はどうでしたか？

　旭川医科大学、大分大学、愛媛大学。受験校選定の基準は下記に記載しました。受験結果は 3 校とも 1 次試験を合格し、3 校の中で一番進学したかった愛媛大学に最終合格できたため、他の 2 大学は辞退しました。

Q4.　どのような受験戦略でしたか？

　北海道出身なので地域枠が利用できる旭川医科大学が一番合格可能性が高い大学と考え、第一志望としました。旭川医科大学が生命科学と英語の 2 科目で受験できる大学であったため、これら 2 科目を中心に出題される傾向がある大学を併願校としてリストアップしました。

　具体的には、大分大学や鹿児島大学、長崎大学、富山大学などを候補として考えました。また、生命科学や英語がある程度筆記試験で点数が取れるレベルになった場合、高校レベルの化学や物理の出題が多い大学にも出願しようと考え、愛媛大学や山口大学、弘前大学なども候補に挙げました。それらの大学の中で過去問との相性や試験日程を考えながら実際に受験する大学を旭川医科大学、愛媛大学、大分大学に絞っていきました。

Q5.　医学部編入予備校の利用はどのようにしましたか？

　通信講座を一部（生命科学の中級〜上級レベル、医学英語、小論文）利用しました。各大学の過去問や復元問題（過去問を公表していない大学）、面接試験で実際に聞かれた質問を閲覧できたのがとても有益でした。

Q6.　受験にかかる費用や生活費はどうしていましたか？

　退職までに働かなくても 2 年間は受験や生活ができるだけの貯蓄をしておきました。飛行機代節約のためマイルを貯めておきました。

【勉強】

Q7、勉強開始前、生命科学、英語、化学、物理、統計学はどれくらいできましたか？

　生物未履修であり生命科学の知識はほぼありませんでした。生理学や生化学は大学の授業で扱いましたが、そもそも生物学の知識がなかったため過去問対策でなんとか試験を乗り切っていた状況であり、ほとんどの知識は抜けていました。循環器病棟で従事していたため、循環器に関わる解剖生理学の知識（体循環や肺循環、RAA系など）は事前知識としてありました。統計学は前大学の講義の成績でGPA 2～3程度だったと記憶しております。

　英語、化学、物理は前大学入学前のセンター試験で9割以上安定して取れていましたが、その後は全く勉強していなかったためほとんど忘れていました。

Q8、各科目をどのように勉強しましたか？　教科書・参考書は何を使用しましたか？

・生命科学：高校生物の勉強から開始し、『生物基礎問題精講』（旺文社）やYouTubeの「Try iT」を何度も復習しました。生命科学に関しては予備校テキストをメインとして使用しました。問題や解説などを、関連するイメージ画像をインターネットで検索してPowerPointのスライドに貼付けながらまとめ直して、それを通勤の電車や仕事の休憩の合間、寝る前などにひたすら復習しました。

　ちなみに、看護学科時代に学習した内容は、もちろんほとんど忘れていたのもありますが、医学科ほど詳細まで学習しないため、編入試験で出題されるレベルの内容はほとんどありませんでした。

・英語：受験1年以上前から受験大学の過去問研究をしました。受験校の試験問題が論文形式なのか、物語形式なのかを把握し、似通った英文を主にインターネット上で探しました。利用したサイトとしては日本語

訳や音声も掲載される「NPR」というサイトや、「The NEW ENGLAND JOURNAL of MEDICINE（NEJM）」の日本語版サイトを利用しました。毎日 1 題材程度シャドーイングを繰り返し、戻り読みをしない習慣をつけました。

　また、医学英単語帳は予備校のものを使用しました。WRITING 対策は受験大学の過去問に対する解答を作成し、インターネットの「Craigslist」で知り合ったアメリカ人の友人に添削してもらいました。完成した解答をひたすら暗記して、Word を用いてアウトプットしました。

・物理：愛媛大学の受験を決めたこと、弘前大学を視野に入れていたことから、愛媛大学の筆記試験 1 ヶ月前から高校物理の内容を復習し始めました。現役時代 7 周ぐらいした『物理のエッセンス』（河合出版）を試験までに 1 周しました。

・化学：受験大学の過去問内容だけを復習しました。

・統計：旭川医科大学や富山大学などで出題されるため、予備校の統計（疫学）対策を受講し、それは 3 周以上復習しました。それだけでは不足していると考え、大学時代の医療統計学の授業レジュメも復習しました。

Q9、TOEFL、TOEIC はどうしましたか？

　TOEIC は仕事をしながら受験するも 695 点で、退職後は新型コロナウイルスのために TOEIC 試験が延期となり、受験できませんでした。弘前大学を視野に入れていたこと、旭川医科大学で英作文が必要であることから TOEFL を受験しましたが、対策不足のため SPEAKING で全然話せず、採点を希望しなかったため点数はありません。

Q10、上記科目以外に勉強したことはありますか？

　小論文対策として予備校テキストに目を通しておきました。

Q11、勉強において、工夫した点は何ですか？

　全教科に共通して過去問ベースで勉強したこと。基礎的な問題の理解

を徹底したこと。問題を解く時に、できた、できなかっただけでなく、なぜできなかったか、何の知識があればできたのかまで掘り下げて勉強していました。

　知識のインプットは人に説明する前提で行っていました。そうすることで、1つ1つの項目を噛み砕いて考える習慣がついたと思います。また、インプットをただの作業にしないよう注意しました。文字で理解するよりも画像の方がイメージしやすく理解も容易だったため、覚えたい生命現象などは関連する画像を検索し、PowerPointに貼り付けて独自の資料を作り、何度も復習しました。

Q12. 息抜きや休憩は何をどれくらいやりましたか？

　日々の息抜きとしては、料理が好きなため自炊を楽しみながら行っていました。休憩は1回10分と決め、外を歩いたり10分程度のYouTubeなどを観ていました。

Q13. 振り返ってみて特に役に立ったこと、逆にやらなくてよかったことは何ですか？

　基礎から発展的な内容へと順番に問題を解いていくことが特に役立ちました。やらなくてよかったことは、高校生物の内容すら理解できてない状態で生命科学の編入試験レベルの内容を勉強することです。解答・解説を読んでも理解できないことは、その前提知識が足りていないことがほとんどであり、解答を覚えても単純暗記となるため長期記憶には残りませんでした。

Q14. 勉強に関して、受験生にアドバイスをお願いします。

　勉強方法に正解はないですが、合格者には一定の法則があると思われます。例えば、「目標とすべき学力と自身の学力を的確に把握して、日々そのギャップを埋める努力をする」、「安定して勉強するためのメンタルを整える」、「知識の定着を確認することを怠らない」、「中途半端に色々

な問題集に手を出さず、自分が信じた問題集や参考書をまず徹底的に復習する」などです。それらの法則を守った上で自身の性格や生活スタイルに合った勉強方法を模索されると良いと思います。

【出願】

Q15．出願において、苦労したことや、失敗したことは何ですか？

　出願から受験に至る一連の流れを経験しておくために、本格的な受験を予定していた年の前年に１校受験しようと準備しましたが、推薦書のやりとりに時間がかかり、結局出願できなかった経験があります。

Q16．推薦書が必要な大学が多いですが、どのように対処しましたか？

　受験の前年から前大学の研究室の教授に直接伺い、編入試験受験の旨を説明し、推薦書への協力を承諾していただきました。受験前年には推薦書の大体の型を自身で作成し、教授に添削・修正してもらうことで、教授の負担を軽減しようと試みました。

Q17．出願に関して、受験生にアドバイスをお願いします。

　出願準備は意外と時間がかかります。また、出願期間は各大学１週間程度と短いため、受験を決めた早い段階から志望理由書や推薦書の準備はしておいた方が、直前期に焦らないで済みますし受験大学の筆記試験対策に集中できます。

【宿泊と交通手配】

Q18．宿泊と交通手配について、注意点や失敗体験はありますか？

　宿泊に関して、カプセルホテルは安いですが私にはマットレスが硬く体が休まらなかったためおすすめしません。交通手配について、複数校受験する際に日程的に地方都市間を移動する必要性が出てくる場合があるため、航空機の本数や時間の確認、早めの予約をおすすめします。

Q19．受験前日はどのように過ごしましたか？

　ホテルの部屋で受験校の過去問とその解答・解説をひたすら復習していました。

【筆記試験】

Q20．筆記試験の雰囲気（周囲の年齢層や男女比など）はどうでしたか？

　面接試験の時に比べると筆記試験の方が高齢な受験生の割合が高い印象がありました。男性受験者の方が多かったです。

Q21．筆記試験での成功点、失敗点は？

　失敗点として、時間をかければ確実に得点を稼げる問題に固執してしまい全ての問題に解答できなかったこと、過去問中心の勉強であったため傾向が大きく変わった時に全く歯が立たない科目があったことでした。逆に成功点として、別の大学ではそれらの経験を活かして試験開始時に問題全体を見て解ける問題から解くようにしたこと、時間がかかりそうな問題はマークを付けておき、全ての解きやすい問題を解き終わってから取りかかるようにしたことです。

Q22．筆記試験の出来は、各科目何割くらいでしたか？

　・愛媛大学：英語6〜7割、生命科学5割、物理10割、化学1割
　・旭川医科大学：英語8割、生命科学（統計含む）8割

Q23．筆記試験に関して、受験生にアドバイスをお願いします。

　絶対落ちたと思っても意外と周りもできておらず合格できることもあるので、一喜一憂は必要ないと思います。

【志望理由書と面接】

Q24．志望理由書の作成についてアドバイスをお願いします。

　事実ベースではなく、スキルベースで書き、ひたすらアピールするこ

とをおすすめします。例えば、私は看護師として培ったコミュニケーションスキル、部活動の主将として培ったプランニングスキルなどをベースに、それらが訪問診療医として活かされることで得られるメリットや具体的な医師像をイメージ化させることを意識して志望理由書を作成しました。自分の過去、現在、未来を含むストーリー性と一貫性のある文章にしましょう。

Q25、各大学の特徴をどのように調べましたか？

　各大学のホームページをくまなく閲覧しました。愛媛大学では医学部 1 年次から研究に触れるカリキュラムが取り入れられていること、臨床との橋渡し研究が積極的に行われていること、在宅医療を含む地域医療に触れられる機会をいくつも用意されていることなどが特徴的でした。

Q26、面接対策として、どのような準備をしましたか？

　志望理由書やプレゼンテーションの内容について、実体験を含めて具体的に説明できるように Q&A を約 2 万字程度準備し、それらの要点がスラスラ言えるよう準備しました。また、受験校の特色だけでなくその大学が立地している都道府県の医療問題についてもあらゆるサイトや SNS から調べました。

　例えば愛媛県では、山間部や島嶼部において無医村やそれに準ずる医療過疎地域があり、一方で松山市には全国平均を上回る医師数がいるなどの偏在が強いことが挙げられます。また、無医村や医療過疎地域においては在宅療養支援診療所の数が少なく、地域の在宅医療に関わる医師の負担が大きくなっていることがあると思います。もちろん用意した Q&A の中には実際に問われなかったものがほとんどでしたが、面接試験で問われた質問の 9 割以上は準備した内容についてのものでした。

Q27、なぜ〇〇大学なのですか？　という問いにはどのように答えればいいですか？

　基本的にはその大学が掲げる理念に対して自分が共感していること、そしてその大学が果たしたい医療問題へ貢献できること、またそのためのカリキュラムが具体的に用意されていることを述べるべきです。それに加えて差別化を図りたければ、その大学が立地している都道府県に魅了された旨を実体験に基づいて述べられると、試験官の感情に訴えられることもあります。

　私の場合は志望理由書に「なぜ愛媛なのか？」という問いへの回答を組み込んだため、実際に面接試験では問われませんでしたが、具体的には前大学在籍時に旅行で愛媛を訪れた時に感じた愛媛のすばらしさ（人々の温かさ、食事の美味しさ、大自然と歴史的な街並みの融合など）について記載しました。

Q28.　面接でよく聞かれた質問は何ですか？　どう答えましたか？　面接官の反応はどうでしたか？

　医師を目指した理由と大学を休学した理由、高校時代に医師を目指した理由も含めて正直に答えました。最初は疑われたように感じましたが、嘘はついていなかったので聞かれたことに対して正直に答えることしかできませんでした。

Q29.　実際の面接での成功談、失敗談について教えてください。

　成功談としては、質問してきた試験官に対してしっかり目を見て返答すること、結論から話して話題が逸れないように注意したことです。失敗談は、強いて言うのであれば面接中に高揚感が高まりすぎて少しニヤニヤしてしまったことです。

Q30.　面接に関して、受験生にアドバイスをお願いします。

　面接は練習を重ねることで必ず上達するため、恥ずかしがらずに色々な人に練習をお願いするべきです。また、志望理由書や推薦書を基に考えられる質問もあるため、志望理由書の時点で勝負は始まっていること

を念頭に置いておくと良いです。

【合格】

Q31. 合格した時はどんな状況で、どんな気分になりましたか？

　自宅のパソコンから合格発表を確認しました。面接試験の手応えはありましたが倍率も高かったため不安もあり、合格を確認したときは喜び50％、安堵50％ぐらいの割合でした。

Q32. もう一度受験するとしたら、どんな点を改善しますか？

　高校化学をもう少し勉強します。TOEFL 対策をもっと早期から始め、多くの時間をかけておきます。

Q33. 最後に受験生にメッセージをお願いします。

　倍率の高い試験であり筆記試験だけでなく面接試験のウエイトも高いことから精神的に多くの負荷がかかると思います。悩みや不安を一人で抱え込まず、応援してくれる人や SNS で情報発信している人に遠慮なくサポートしてもらいましょう。

◆合格者④ . 河井実来

【プロフィール】
・氏名：河井実来（かわいみく）
・受験時の年齢：35歳
・合格大学：鹿児島大学、群馬大学
・略歴：名古屋大学農学部卒業。営業職として4社経験。（求人広告代理店→eコマース→医療系メディア→海外向けeコマース→医療系メディア）

【受験全体像】
Q1、医学部学士編入の受験を決意したきっかけは何ですか？

　医師として地域医療に携わりたいと思ったからです。

・なぜ地域医療なのか：私の実家は中山間地帯の農家であり、へき地の過疎化を体感してきました。過疎化に対するひとつの解決策は新規就農の促進であり、そのためには農業収入増加が必須であると考え農学部へ進学、大学卒業後もeコマースによる地方特産品の販売支援など、一貫して地域の農業収入向上に取り組みました。

　自身が子宮頸がんに罹患したことがきっかけとなり、農業収入を向上させる以前に健康でなくては農作業すらできないと気づき、医療を通じて地域活性化に貢献したいと考えるようになりました。

・なぜ医師なのか：医療に興味を持った私は、医療系メディアの会社に転職しました。その中で、メディアの仕事よりも、医師になった方が患者さんにより直接的に役立てると感じ、地域医療に貢献するため医師を目指すことに決めました。

Q2、いつから受験を始めて、合格までにどれくらいかかりましたか？

　2019年3月に河合塾KALSへ入校し、2020年10月に鹿児島大学から合格をいただきました。

Q3. どこの大学を受験しましたか？　受験校はどのように決め、結果は
　　どうでしたか？

　私のプロフィールは、30 代後半女性 / 経験職種は営業職のみ / 転職
は 4 社 4 回経験（1 つの会社に 2 度入社）/ 非医歯薬系出身（農学部）
という 4 点から、合格しにくいという自覚がありました。加えて、臨
床医志向であること、自分の好みも踏まえ、受験校に付す条件は、過去
合格者が若年者のみでない / 研究医を募集している大学でない / 温暖な
地方という 3 点としました。

2019 年（お試し受験）		
受験校	一次	二次
弘前大学	○	×
2020 年		
受験校	一次	二次
山口大学	○	×
愛媛大学	×	
長崎大学	○	×
鹿児島大学	○	○（正規合格）
群馬大学	○	○（追加合格、辞退）
浜松医科大学	×	

Q4. どのような受験戦略でしたか？

　前述の通り、私はスペック的に合格しにくいため、受験校数を増やす
戦略と戦術でした。
・戦略：1 校でも多く受験
・戦術：4 科目型で学習 /4 科目に対応できるよう、河合塾 KALS へ惜し
まず費用投下 / 学力をモニタリングし、柔軟に戦術を変更
　結果として、4 科目型（大学レベルの物理・化学）→ 4 科目型（高校

レベルの物理・化学）→ 2 科目集中という形で学習科目は変化してい
きました。

Q5. 医学部編入予備校の利用はどのようにしましたか？

河合塾 KALS の下記講座を活用しました。

基礎・完成・実戦シリーズ（英語・生命科学）／ 完成・実戦シリーズ
（小論文）／ スタンダード化学・物理／ トップレベルテストゼミ（英語・
生命科学）

Q6. 受験にかかる費用や生活費はどうしていましたか？

仕事と並行して受験していたため、通常の給与の範囲で対応可能でした。

【勉強】

Q7 勉強開始前、生命科学、英語、化学、物理、統計学はどれくらいで
きましたか？

・生命科学：農学部では植物専攻だったため植物の専門性は有していま
したが、大学で学んだことはほぼ忘れていました。
・英語：英語が公用語の会社で勤務していましたが TOEIC815 点程度で、
会社の中ではあまりできの良いほうではなかったです。
・化学：大学受験時は生物・化学選択でしたが、受験期の知識はほぼ消
えていました。
・物理：未履修
・統計学：未履修

Q8. 各科目をどのように勉強しましたか？　教科書・参考書は何を使用
しましたか？

▶▶各科目の勉強法
・生命科学

▶学習の全体像：河合塾 KALS のカリキュラムに沿って学習を進め、コースが終わってからは、テキスト・ワークブックの解き直しを 2 周行いました。

▶河合塾 KALS の授業の利用法：1 週間を 1 タームとし「授業→清書ノート作成→ノート丸暗記→復習の問題演習→小テスト→小テストのミスを復習」を行いました。

・英語

▶学習の全体像：河合塾 KALS の基礎・完成・実戦シリーズを受講すると共に、日常に英語を取り込むことで学習しました。

▶河合塾 KALS の授業の利用法：授業で学力向上に特に役立ったと感じたのは、実戦シリーズの予習のために約 3 ケ月間、大量に精読を行ったことです。毎週 800 単語程度の過去問題を 4 本程度、辞書を利用して全訳しました。

▶日常への英語の取り込み方：ランニングや家事中などの隙間時間に、「TOEFL3800」「NEJM、Nature、Science のポッドキャスト」などで英語を聴きました。また、仕事であえて医学論文を英語で読むように心がけました。

・化学

▶学習の全体像：河合塾 KALS でスタンダード化学 I・II の受講と復習を行いました。

▶河合塾 KALS の授業の利用法：授業を受け、テキストの問題を解いて復習しました。小テストが毎回あるので、小テストでできなかったところはさらに復習しました。

・物理

▶学習の全体像：河合塾 KALS でスタンダード物理 I・II の受講と復習を行いました。授業だけで理解できない内容は、河合塾 KALS のチューターさんがおすすめする、2 つの教材を用いて学習しました。

▶河合塾 KALS の授業の利用法：授業を受け、テキストの問題を解いて

復習しました。小テストが毎回あるので、小テストでできなかったところはさらに復習しました。

▶活用した2つの教材：基礎力をつけるために使ったのは『秘伝の物理』です。これは簡明なテキストに加え、YouTube に授業がアップロードされており、ゆっくり小分けに解説されるので苦手な人でも理解しやすいです。問題演習力をつけるために使ったのは『物理基礎・物理　入門問題精講』です。様々なパターンの易問を何度も解くことは有用で、この問題集は3周しました。

▶▶使用したテキスト
・物理：秘伝の物理 / 物理基礎・物理　入門問題精講
・TOEIC：スタディサプリ　TOEIC 対策 /TOEIC 公式問題集 Vol.4
・TOEFL：TOEFL Practice online/ 単語アプリ「TOEFL3800」

Q9．TOEFL、TOEIC はどうしましたか？
・TOEIC：最も初期に着手。約2ケ月間学習し、885 点でした。
・TOEFL：2019 年の8月、9月と 2020 年の9月に計3回受験しました。河合塾 KALS の実戦シリーズでの精読と、1年間で単語力を涵養したことが奏功し、2019 年9月→ 2020 年9月で Reading は 11 点上がりました。

Q10．上記科目以外に勉強したことはありますか？
　上記以外に勉強したことは、数学の確率や行列など「特定の大学でしか出ない範囲」です。河合塾 KALS で過去問を確認し、受験直前に学習しました。

Q11．勉強において、工夫した点は何ですか？
　私が工夫し奏功したのは、自分に合う記憶の仕方を探したことです。それは以下の3点でした。
1.悔しくて辛い復習をする：テストや模擬試験、本番の試験などでは

思うように点数が取れないこともあり、間違えた問題からは目をそむけたくなるものです。しかし、間違えた問題やできの悪かった問題ほど試験直後に復習しました。失点した辛さが強いほど、記憶も強化されるように感じたからです。

2. 短期記憶を積み重ねる：学習を進めるうちに、文章問題を解いても記憶の強化にならないという体感がありました。そこで、間違えた設問とそれに対応する解答を単語帳の表裏に書き、15 〜 30 秒ほどの間で繰り返し見るという、短期記憶を積み重ねる方法で学習しました。これが奏功したので、同じ手法で何でも丸暗記しました。

3. 画像として記憶する：私は画像を丸ごと記憶すると、少ない記憶容量で情報量が多いように感じていました。よって、授業のノートを清書したり、清書ノートを何度も見返したりすることで、河合塾 KALS の授業の板書を、画像として記憶するようにしました。

Q12. 息抜きや休憩は何をどれくらいやりましたか？

Studyplus というアプリを使い週単位で学習時間を管理しており、週 40 時間を超える見込みがあれば、息抜きとして飲みに行く程度は許容しました。どんなに多忙でも学習時間が週 20 時間を切ることはなく、それを維持するためにも旅行など複数日潰れるイベントは入れませんでした。他に息抜きとしてはランニングを 3 〜 5km/ 日していました。

Q13. 振り返ってみて特に役に立ったこと、逆にやらなくてよかったことは何ですか？

・役に立ったこと：1 点目は、河合塾 KALS の利用です。勉強の仕方を悩まなくてよく、効率的でした。2 点目は、合格者の方に疑問点を適宜相談したことです。例えば、受験科目の絞り込み、物理の市販問題集選びなどは全て河合塾 KALS のチューターさんに相談して決めました。3 点目は、学習環境への投資です。私は 1 人だとだらけてしまうタイプだったので、河合塾 KALS の自習室や、カフェをよく利用しました。受

験直前期は六本木ヒルズの有料ライブラリー（アカデミーヒルズ）を2ケ月間契約し、学習環境を整えました。タイピング禁止の静かな部屋もあるので、とてもオススメです。

・やらなくてよかったこと：1点目は、TOEIC向けの学習・受験です。結局TOEICを出願で使用する大学は1校も受験しなかったためです。2点目は、大学レベルの物理・化学です。結局諦めた上に、諦めてもそこまで受験校が狭まらないので、最初から高校物理までと割り切っておけばよかったです。

Q14、勉強に関して、受験生にアドバイスをお願いします。

　勉強について、PDCAを常に回すのがおすすめです。「何故うまくいかないのか」を考えることで、適切なタイミングでの合格者への質問や、自分に合う学習法の発見など、有益なアクションに繋がります。

【出願】

Q15、出願において、苦労したことや、失敗したことは何ですか？

　出願における私の失敗は、4月の富山大学出願に間に合わなかったことです。当時仕事が忙しく、気づけば出願書類の資料請求期日を過ぎていました。皆さんは、どんなに忙しくとも、スケジュール確認だけは怠らぬようお気を付けください。

Q16、推薦書が必要な大学が多いですが、どのように対処しましたか？

　私は卒業後13年経過しており、当時の指導教官は退官されていました。よって、勤務している会社の同僚で、課長クラスの職位を持っている方に協力を仰ぎました。推薦書について、皆さんも不安に思うであろうポイント3点をご説明します。

1.書き手は指導教官の方が、印象がよいか：私のように卒業後期間が経っている人に限らず、卒業後6年の方でも会社同僚の推薦書で合格しています。特に指導教官だと印象が良いわけではないと思います。

2.書き手の肩書や職種は注視されるのか：面接で一度も書き手の肩書

や職種に言及をされたことはなく、注視されていないと思います。

3. 内容について、面接で言及されるのか：ほぼ言及されません。唯一、自己推薦書のない鹿児島大学だけは、推薦書に記載されている内容について問われました。

Q17. 出願に関して、受験生にアドバイスをお願いします。

　受験校数が多いため、勉強をしながら何度も出願をすることになり、効率化が肝要です。特に私が有用と感じたのは下記 3 点です。

1. 出願スケジュールがまとまっているサイト・情報発信者を見つけ常にチェック

2. 卒業証明書 / 成績証明書請求、推薦書依頼はできる限りまとめて依頼

3. 職歴が多く所定の履歴書では書ききれない場合、市販の履歴書に記入する（追加記入用のフォーマットがないため、無理して自分で Word や Excel を使いフォーマットを作成するよりは、出来上がっているものを使う方が楽）

【宿泊と交通手配】

Q18. 宿泊と交通手配について、注意点や失敗体験はありますか？

　当日の交通手配については十分ご注意ください。私は鹿児島大学筆記試験当日、鹿児島中央駅でタクシーを拾えず遅刻しかけました。大量の受験生により、近辺のタクシーが全車出払っていたからです。何とか間に合いましたが、運転手さん曰く、私が乗る 1 時間半前から受験生を乗せていたとのこと。受験当日は 1 時間前行動をしようと心に誓いました。

Q19. 受験前日はどのように過ごしましたか？

　受験前日は移動日であるため、隙間時間でできる勉強が向いています。私は Q11. の「短期記憶を積み重ねる」でご紹介した生命科学の単語帳をポーチに入れ首からぶら下げ、移動中いつでも取り出せるようにして

繰り返し見ました。

【筆記試験】

Q20、筆記試験の雰囲気（周囲の年齢層や男女比など）はどうでしたか？

・年齢層：受験者の年齢層は広いが、ボリュームゾーンは 20 ～ 30 代前半だったように記憶しております。

・男女比：4 科目型かつ記述式の愛媛大学・浜松医科大学は 7：3、それ以外の 2 科目型大学は 5：5 ～ 6：4 程度の体感でした。

・会場の雰囲気：会場全体の緊張感は　現役生の時の国立大学二次試験＞センター試験＞学士編入試験　に思えました。受験者の多様性が若干緊張感を減ずる要因になっていたと思います。

Q21、筆記試験での成功点、失敗点は？

　受験期間を通して、早期に、上手に失敗をした経験は常に私を助けてくれました。筆記試験における失敗もしかりです。失敗→相談→成功、と進化した内容を以下に詳述します。

▶▶前半戦での失敗点

▶取捨選択：生命科学や、現役時代に大学受験で使った化学を優先すべきところ、物理の学習に時間を費やしてしまった。また、英語は直前にやっても伸びないと判断し未着手だった。

▶学習計画：得点源である生命科学の復習範囲に漏れがあり、大失点した。また、河合塾 KALS の提供する物理・化学の出題範囲を参考に的を絞って学習計画を組んだつもりが、「熱力学」「電磁気」など範囲のくくり方が粗すぎたため、全てを復習しているのと変わらなかった

▶当日のダメージ：会場の空調が効きすぎており極寒だった。また、張り切って色々な教材を持ち歩き、重くて疲れてしまった。

▶▶河合塾 KALS のチューターさん / 生命科学の先生からのアドバイス

▶英語は読み慣れも大切だから、直前期に長文をいくつか読んだ方がよい。

▶長崎大学・鹿児島大学・群馬大学の三連戦が終わるまでは2科目に集中すべき。たとえ浜松医科大学、福井大学、滋賀医科大学、琉球大学…など三連戦後に4科目型が続くとしても。

▶生命科学の実力はあるがテストの結果にムラがあるので、できないところを復習したほうがよい。

▶▶後半戦での成功点

▶取捨選択：三連戦直前1ケ月間は、英語・生命科学の2科目に集中した。

▶学習計画：過去テストの失点率を分析し、復習が必要な範囲を優先した学習計画を立てた。

▶当日のダメージ：ストールを持ち歩き、寒暖差に対応できるようにした。また、重い教材を持ち歩かないようにした。

Q22. 筆記試験の出来は、各科目何割くらいでしたか？

得点率	2019年	2020年					
	弘前大学	山口大学	愛媛大学	長崎大学	鹿児島大学	群馬大学	浜松医科大学
英語	TOEFL74点	60%	50%	80%	60%	65%	30%
理科	70%	65%	20%	30%	75%	なし	20%
小論文						？	

※弘前大学は点数開示の結果を得点率で示したもの、他は受験した感覚値に基づきます。

Q23. 筆記試験に関して、受験生にアドバイスをお願いします。

　筆記試験は学力を伸ばすチャンスです。試験会場からの帰り道では、知らなかった英単語／解けなかった理科の知識系問題をインターネット検索しその場で正解を知ると、解けなかった辛さと共に記憶を強化できます。また、理科で解けなかった記述系問題の範囲を当日のうちに復習することも同様に有効でした。できが悪くても、落ち込まず今後に活かしてください。

【志望理由書と面接】

Q24、志望理由書の作成についてアドバイスをお願いします。

　面接官の先生方が面接の際に受験者のプロフィールを参照できるものは、履歴書と志望理由書（自己推薦書などともいう）しかありません。故に、記載内容は下記の3点を押さえておく必要があります。

1. 理解しやすい：先生方は、その場で読みながら受験生へ質問することが想定されます。ななめ読みでも理解できる、論理的な文章が望ましいと思います。

2. 面接で話す内容と整合性がある：書類提出〜面接までは約2ケ月程度ありますが、出願時点で、面接で話せる程度まで内容を十分に推敲する必要があります。

3. その大学が求めている学生像に合う：例えば研究医を求めている大学で臨床医志向を訴求しても、大学の求める学生像とはマッチしません。大学の求める学生像についてある程度想定し、志望理由や自己PRに反映できるほどの情報収集が必要です。

　しかし、出願は筆記試験直前期に当たるため、質と効率化を同時に担保する必要があります。私はこれを叶えるために、型を作りました。2020年4月に河合塾KALSの出願書類添削講座を利用したことで、第三者意見を踏まえた自分なりの型を完成させることができました。

Q25、各大学の特徴をどのように調べましたか?

　3種のWebサイトを利用しました。

1. 大学ホームページ：その大学の全体的な情報と、自分が興味のある診療科のページを参考にしました。

2. 大学の臨床研修センターホームページ:初期研修、後期研修のカリキュラムや先輩の体験談などを見ることができ、キャリアプラン構築に有用でした。

3. m3.com（医療系会員制情報サイト）：m3.com内で大学名や県名を検索すると、その大学や県で活躍されている先生のインタビュー記事を

読むことができます。特に地方大学は地域医療に関するインタビュー内容が多く、その大学や土地で働くイメージをふくらませるのに有用でした。

Q26、面接対策として、どのような準備をしましたか？

面接対策には多くの時間を割きました。4校合計77.5時間かけています。筆記試験と面接の日程が近かった場合両立に悩むかもしれませんが、あくまでも筆記試験を頑張るのは面接の打席に立つためです。後悔なきよう、全力で面接対策に取り組んでください。私が面接対策として行ったことは主に3点です。

1. 河合塾KALSで各校過去3年間分の全ての質問を入手し、内容で分類。カテゴリごとの頻度を把握する。

2. 頻度が高い順に、全ての質問に対し回答を作成する。回答内容は、長尺版と30秒版を用意する（当日使用したのはほぼ30秒版）。

3. 上記で用意した問答を口に出して1人ロールプレイをする。すると、不十分な部分や練り切れていない部分が明確になるので、また2に戻って回答を考え直す。

Q27、なぜ〇〇大学なのですか？　という問いにはどのように答えればいいですか？

これは、特に地域医療を志望理由とすると聞かれやすくなる質問だと思います。私は2点に絞って回答していました。

・その地で医療を行うことで、自分のやりたいことが実現できる

▶例：鹿児島は離島が多く、地域医療の中でも物理的制約が多く難易度が高い。故に学ぶものが多く、ここで地域医療の腕を上げたい。

▶例：群馬県は農業大国であり、そもそもの医師志望動機である「地域活性化のための農業収入向上には、まず健康から」が直接的に解決できる。

・自分はその土地に関連性がある

▶例：営業職として福岡に住み、九州中四国エリア全域を担当していた

ため、慣れた土地である。

Q28. 面接でよく聞かれた質問は何ですか？　どう答えましたか？　面
　　接官の反応はどうでしたか？

　複数校でたずねられ、頻出と感じた設問は下記です。実際の問答については次の項で詳述します。

・志望理由：医師を志望した理由 / きっかけ、地域医療をやりたいのは何故か

・過去（学業、職業）：卒業論文の内容など大学時代の学業について、社会人で身につけた医療に活かせる能力は何か

・未来（入学、卒業後）：一般生にどのような影響を与えられるか、どんな医師になりたいか / 医師になって何をしたいか

Q29. 実際の面接での成功談、失敗談について教えてください。

　私が面接を受けた順は、「山口大学→鹿児島大学→群馬大学→長崎大学」です。山口大学で大失敗をしたからこそ、鹿児島大学以降でそれを修正することができました。ここでは、面接問答を一部再現し、加点・減点されたと思しきポイントを明示していきたいと思います。

▶▶山口大学　失敗面接問答再現

・経歴確認　学業編

面接官：「農学部なんですね。学生時代は勉強に力を入れましたか？どのような研究をされていましたか？」

私　　：「残念ながら学業よりもアルバイトの方に注力しておりました。研究については卒論を書いたのみですので、経験がないものとしてお考えください」

面接官：「アルバイトに注力していたのは何故ですか？」

私　　：「アルバイトの方で、重要な役割を任せていただいていたため、それに注力しておりました」

面接官：「学費のためというわけでもないんですね…」

※減点ポイント…下記 2 点の勘違いによる圧倒的準備不足。

▶卒業してから年数が経っており、学生時代について問われると想定していなかった。

▶農学部の学士は研究能力を期待されないと思い込んでいた。また、自分の経歴に自信がなく、謙虚さを出したつもりが、ただの無能アピールになってしまっていた。

・経歴確認　職業編

面接官：「1 年や 1 年半でお仕事をやめていることがあるようだけど、これは何故なのですか？」

私　　：「前職でお世話になっていた上司にどうしてもと乞われ、転職したからです。ですので**忠誠心**がないからすぐ転職をしていたというよりも、忠誠心ゆえに転職歴が多いとご認識ください」

※減点ポイント…面接官は忠誠心についてたずねていない。回答がズレている。転職歴が多いことは減点要因の可能性があるのに、返答が「忠誠心」では論理的でなさすぎる。

・キャリアプラン

面接官：「将来的に、どのようなところで働きたいなどはありますか？」

私　　：「総合診療の専門医をとって、萩地域などの**国保直診**＊で働きたいと考えています」

面接官：「皆さん受かりたいがために地域医療って言うんだよねぇ。本当にやりたいの？」

私　　：「**嘘ではないです！**　私の社会人経験で涵養したプロジェクト管理力やコミュニケーション能力は、**地域医療で活かせる**と思うからです！」

＊ 国保直診…市町村が国民健康保険を行う事業の一つとして設置した、過疎地の診療所のこと

※減点ポイント…地域医療への貢献は本心からであるのに、わざとらしく見えてしまった。先生の指摘を否定で返答してしまった。「なぜやりた

いか」を聞いているのに、「やる能力がある」とズレた返答をしてしまった。
　この失敗から特に学んだのは下記の３点です。
▶農学部の学士でも、理系として研究能力には期待される。卒論を書く
ために努力はしたのだから、自信を持ち、内容を語れるようにするべき。
▶職歴が多いなど、自分の経歴に減点要因があるなら、理論武装すべき。
▶志望理由やキャリアプランがわざとらしく見えないよう、経歴との一
貫性を示すべき。
　山口大学は面接官を入れ替えて３回も面接をしてくださるので、失
敗の経験を十分に積むことができました。この学びを活かし、鹿児島大
学で臨んだ面接について記していきます。
▶▶鹿児島大学　成功面接問答再現
・医師志望理由
面接官：「医師を志望した理由について教えてください」
私　　：「私は地域医療を行いたく、医師を志望いたしました。まず、
　　　　私は実家が中山間地帯で農業を営んでおり、農業所得向上を学
　　　　びたく名古屋大学農学部へ進学いたしました。一方、子宮頸が
　　　　んにかかった経験から農業所得の向上以前に地域住民が健康で
　　　　なくては地域活性化にならないと強く実感し、医療の道を志す
　　　　ようになりました」
※加点ポイント…現在は都心在住（東京都港区）だが、田舎の出身なの
で地方暮らしに耐えられること、大学生時代から地域活性化へ関心があ
ることを訴求できた。
・経歴確認　学業編
面接官：（履歴書を見ながら）「ここに記載している卒業論文のタイトル
　　　　ですが、具体的にどのような研究をされたのですか？」
私　　：「地域活性化のための農業所得向上を目的とし、農業経済の研
　　　　究室に所属しておりました。テーマは飲食店のトマトの流通に
　　　　ついてです。一見契約栽培と謳って外食チェーンと農家の直接

取引に見えますが、実態は従来の市場流通のシステムが秀逸であるため、商品安定供給のためには市場を通した流通が使われていることを明らかにいたしました」（その後、何往復か卒論内容について確認の会話）

※加点ポイント…地域活性化に対する関心の一貫性をアピールできた。自身の卒論内容を、何を仮説としどのような結論を得られたかまで、簡潔に説明できた。

面接官：「このテーマは、ご自身で決めたのですか？その研究室では、指導教官がテーマを決めるのか、自分で研究テーマを決めるのか、どちらですか？」

私　　：「**私は自分で決定しました。**中には指導教官の決めたテーマで研究する方もいらっしゃり、割合は半々といったところです」

※加点ポイント…自分で考え、研究する能力を訴求できた。

・経歴確認　職業編

面接官：「1 社目はどんな会社で、何故そこに入ったのですか？」

私　　：「1 社目は、求人広告を扱う広告代理店でした。私は**地域活性化**のための農業所得向上施策として、将来的に儲かる農業のビジネスモデルを作って起業するつもりでした。ですので、色々な業種に関わることのできる求人広告の会社にまず入って、ビジネスの勉強をしようと考えました」

※加点ポイント…仕事選びのポイントも地域活性化であると訴求できた。

面接官：「なるほど。次に 2 社目では、どんなお仕事だったのですか。何故この会社に入ったのですか？」

私　　：「1 社目はリーマンショックの影響で**会社都合による解雇**でした。転職せざるを得なくなったため、せっかくならば**地域活性化**に直接関わることがしたいと考え、地域特産品のインターネット販売を支援する 2 社目に入社し、**営業管理職**として九州中四国エリアで 15 名の部下をマネジメントしてきました」

※加点ポイント…職歴が多いが、致し方ない事情があることを説明できた。地域活性化に関する一貫した関心を示すことができた。管理職経験によりリーダーシップがあることを伝えられた。

・入学後について

面接官：「入学してから、医学部の勉強はかなり大変ですが、大丈夫ですか？」

私　　：「COVID-19 の影響で**毎月 100 時間以上残業**しながら受験した予備校の模擬試験では、生命科学で**315 名中 11 位、偏差値 70.5**でありました。よって、成績不振にはなりにくいと考えます」

※加点ポイント…体力と根性、学力を定量的にアピールできた。

・医療・生命科学への興味関心

面接官：「最近興味を持った医療に関する事柄はありますか？」

私　　：「コロナ禍におけるオンライン診療の規制緩和について注目しております」

面接官：「（少し遮るように、かぶせ気味で）あ、そういうことではなくて、生命科学的なことで興味を持ったことはありますか？」

私　　：「3 週間前の NEJM で読んだ、BIVV001 という薬剤の第 1, 2 相試験の結果について興味を持ちました。血友病患者さんの第 8 因子製剤の投与間隔が 1 週間にできる可能性が示唆されたことは、患者さんにとって非常に有益なことだと思います」

※加点ポイント…日常的に医学論文を読んでいることが自然に示せ、語学力と生命科学理解力を訴求できた。

・キャリアプラン

面接官：「どんな医師になりたいと考えていますか？」

私　　：「『何でも診てくれる先生が来てくれた！』と地域の皆さんに喜んでいただけるような、そんな医師になりたいです」

※加点ポイント…地域医療、総合診療をやりたいことが一言で明確に伝わった。

面接官：「となると、将来は総合的な診療に興味があるのですか？」

私　　：「はい。**総合診療の専門医を取得**したいと考えています」

※加点ポイント…専門医を取得したい、と明確なキャリアプランを挙げることで、主張し続けている地域で総合診療をやりたい、の一貫性や本気度を訴求することができた。

　鹿児島大学の面接から、成功した面接の特徴を3点にまとめます。

▶地域医療の志望理由の一貫性が正しく伝わり、わざとらしくない。

▶主張の根拠が定量的・具体的で、理論武装されている（偏差値など）。

▶キラーフレーズがあった（『何でも診てくれる先生が来てくれた！』）。

　鹿児島大学の面接は終始和やかで、私の人生をしっかり掘り下げ理解しようとしてくださっているように感じ、素敵な大学だと感じました。

Q30. 面接に関して、受験生にアドバイスをお願いします。

　前述の成功した面接の特徴から得られる示唆は、先生方の気持ちになって考えよ、ということです。どんな点に留意すべきか下記2点にまとめます。

1. ストーリーを単純化する：企業の採用面接は、似た業界/職種を経験した人が面接する可能性が高く、経歴の詳細を話しても理解されやすいです。しかし医師が面接官である場合、前提知識が違いすぎるので、省略してもよいと思います。私の場合経歴の中で訴求したい能力は多々ありましたが、あえて地域医療への動機が伝わりやすいよう、内容を削ぎ落しました。また、採用面接は30分～1時間と長尺ですが、学士編入試験の面接は15分程度であるため冗長なストーリーは伝わり切らないと思います。

2. 定量的に示す：先生方はEBMの世界で生きています。何かの主張には必ず定量的なデータがセットになっているのが日常であり、数字で示せない話はストレスを感じるでしょう。これはコンサルティングや企画営業など、ビジネスマンでも求められる場面は多いかもしれません。

【合格】

Q31. 合格した時はどんな状況で、どんな気分になりましたか？

　仕事中に隙を見て大学ホームページで合格発表を見ました。ホッとした気持ち半分、信じられない気持ち半分でした。推薦書に協力してくれた同僚には真っ先に報告しました。信じられない気持ちはなかなか拭えず、入学式の案内が郵送されてきて初めて「本当に受かったんだ」と実感できました。

Q32. もう一度受験するとしたら、どんな点を改善しますか？

　もしもう一度やるとしたら、もっと河合塾KALSのチューターさんを利用し、勉強法に迷ったらすぐに質問すると思います。私の総勉強時間は3,000時間ほどですが、第1章における合格者の総勉強時間から推察するに過多であり、効率化の余地があったと思います。

Q33. 最後に受験生にメッセージをお願いします。

　私の医学部学士編入受験の根底にある動機は、人生を変えたい！なのだと思います。『LIFE SHIFT（ライフ・シフト）―100年時代の人生戦略』という本を読み、長い人生の残り時間でなすべきことを熟考した結果、私は地域医療に挑戦するに至りました。今のサラリーマンでする仕事より、もっと実用的に、人の役に立つ仕事がしたいと強く思ったのです。

　皆さんもきっと色々な経験から、人生を変えたいと思って受験をされていることでしょう。そう思った瞬間から、人生は変わりはじめているのだと思います。何歳でも遅すぎることはなく、一歩踏み出した今が、ベストタイミングです。後ろを振り返らず、前だけを見て、一緒に人を幸せにしていきませんか。

◆合格者⑤ . 小堀貴之

【プロフィール】
・氏名 : 小堀貴之（こぼりたかゆき）
・受験時の年齢 :30 歳
・合格大学 : 岡山大学
・略歴 : 慶應義塾大学理工学部→仏国エコールサントラルリヨン (交換留学) →慶應義塾大学大学院理工学研究科修士課程→千代田化工建設　配管設計部 (約 4 年間) →岡山大学医学部医学科に編入。

【受験全体像】
Q1. 医学部学士編入の受験を決意したきっかけは何ですか？

　きっかけは 3 つあります。

　①病院経営に携わる父親より、社会人を経験してから医師になるというキャリア像について話を聞いた。

　②学んできた工学の知見を生かすことが可能な医学領域の研究分野を知り、医師としてその研究を行ってみたいと感じた。

　③サラリーマンと異なり、定年後も幅広い形で仕事ができる医師業に魅力を感じるようになった。

Q2. いつから受験を始めて、合格までにどれくらいかかりましたか？

　2019 年 4 月から受験勉強を始め、2020 年 7 月末に岡山大学医学部に合格しました。受験期間は合計で 1 年 3 ヶ月間です。

Q3. どこの大学を受験しましたか？　受験校はどのように決め、結果はどうでしたか？

　受験校は、2019 年に福井大学、金沢大学、滋賀医科大学、弘前大学を、2020 年に岡山大学、山口大学を受験しました。結果ですが、筆記試験はありがたいことに 6 校全てに合格しましたが、面接試験を合格した

のは岡山大学のみでした。この合格後に実施された山口大学の面接試験は辞退しました。

　2019年の受験はチャレンジ受験だったため、日程に合う受験校を全て受けましたが、2020年では、自分が4科目型（生命科学、英語、物理、化学を勉強）であることを鑑みて以下の通りに受験予定を立てました（コロナ禍で入試の延期が相次ぎ、下記予定は結果として瓦解してしまいました）。

　岡山（6月）or香川（6月）→愛媛or高知（7月）→筑波（7月）→北海道（8月）or新潟（8月）→群馬（9月）→滋賀医科（9月）→金沢（9月）→弘前（11月）

Q4、どのような受験戦略でしたか？

　河合塾KALSという予備校に通学し、理工学部出身（物理・化学が既習）の強みを生かすため、4科目型で勉強を進めました。予備校内のテストや、模試の結果、授業の雰囲気を通じて感じたのですが、物理・化学の両方を得意とする受験者層は全体の半数以下です。理系出身であっても2科目型（生命科学と英語）の方針を採る方もいらっしゃいます。よって、競争が緩和される4科目型の受験をしました。

　ただ、大学範囲の物理・化学の勉強は最小限に抑えるよう心掛けていました。途中で大阪大学を受験対象から外したためです。大阪大学の物理・化学では、大学範囲から多くの出題があります。最難関の大阪大学に挑戦するためだけに大学の物理・化学に時間を割くより、多くの大学対策になる生命科学・英語に時間を充てる方が、合格可能性の向上に効果的と判断しました。大阪大学の募集人数10名に対し、受験者全体の「TOP10位に自分は入っていないな」と感じたことも、大阪大学受験を止めた理由の一つです。

　最終的に2科目型校の岡山大学に合格できましたが、これは基本的に4科目型で勉強しつつ、生命科学と英語を主軸に勉強してきたことが功

を奏したからだと考えています。

Q5、医学部編入予備校の利用はどのようにしましたか？

　　KALS のサービスを最大限利用しました。具体的には、生命科学、英語、小論文、物理・化学の全てのコースに加え、面接対策、志望動機添削、滋賀医科大学対策コースなどを受講しました。さらに、新宿校舎の自習室が朝 10 時〜夜 9 時まで開いているので、ほぼ毎日利用しました。受験生の中で一番予備校に来ているのは自分だな、と謎の自負を抱いていたほどです。

　　また、講義後に何度か先生に質問しに行きました。その際、「色々と調べた上でどうしても分からないものだけ」質問するように心掛けました。先生と実際に話すことで、内容が驚くほど頭に残ります。

Q6、受験にかかる費用や生活費はどうしていましたか？

　　約 4 年間の社会人生活で蓄えた貯金で賄っていました。受験のために貯金したわけではないですが、合計で 2 年間ほど海外勤務したこともあり、資金は十分ありました。電車通学の時間を極力抑えるため、退職と同時に新宿の予備校近辺に引っ越し、昼食や夕食も予備校周辺の外食で済ませるなど好き放題やっていました。部屋や家具、食生活などにかかる費用は自分のストレスに関わるので、あまり削りませんでした。

【勉強】

Q7、勉強開始前、生命科学、英語、化学、物理、統計学はどれくらいで
　　きましたか？

　　列記しますと、

・生命科学：高校時代で生物基礎のみ履修し、大学 1 年で教養科目の生物学を 2 単位だけ取得。卒業後 6 年ほど経過のためほぼ忘れていた。「リボソームって何だっけ」の状態。

・英語：前職で頻繁に英語を使用していたため、ビジネス英語はある程度習得済。TOEIC800 点程度。しかし、医学領域の英単語はほぼ知らず。

・物理・化学：大学の専攻は化学熱力学で、卒業後は材料力学や流体力学関連の設計業務を担当。そのため、理系科目のテーマ自体にはちょくちょく触れていた。ただ、実際に高校レベルの物理・化学の問題を解こうとするとかなり忘れている部分があったため、しっかりとした復習が必要だった。

・統計学：大学時代に 2 単位だけ履修。そのため、ほぼ忘れていた。統計が出題される大学は限定的であるため、予備校の対策講座でのみ学習した。

Q8、各科目をどのように勉強しましたか？　教科書・参考書は何を使用しましたか？

9 割方予備校の教材を用い、そのカリキュラムに従って勉強しました。勉強時間は合計で約 3,000 時間です。出願書類の準備時間も含めて内訳をまとめると、次の図のようになります。

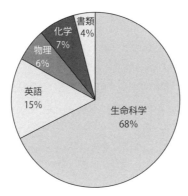

列記します。

・生命科学：予備校の基礎、完成、実戦のテキストとワークブックの問題を合計 3 周解きました。3 回目でも間違えた問題や欠落していた知識

だけ、ルーズリーフにまとめてファイリングし、後で見直せるようにしました。要項集ですが、章末に記載されている問題に対する解答を、何回か書いて頭に入れる作業を行いました。また、予備校の生命科学を担当されている井出冬章先生の著作である『医学部編入への生命科学演習』も何とか 1 周だけ解きました。歯ごたえのある問題がタイトにまとめられています。

　予備校以外の教材として、生命科学の基礎を補充するために『チャート式新生物　生物基礎・生物』」を利用しました。

・英語：予備校の医学英文法シリーズ、および完成のテキストの講義部分を 1 周しました。実戦シリーズではかなりの過去問が収録されているため、講義で扱った範囲の英文を読むだけで、問題を解くまでには至りませんでした。単語は予備校の単語集と TOEFL3800（アプリ版 RANK3）までを使用しました。

・物理・化学：スタンダード物理・化学のテキストを 2 周しました。大学範囲のテキストは全体で 5 割くらいの消化率です。加えて、受験予定の大学の過去問を解き漁りました。Google などで検索すれば大抵の問題の解答は得ることができます。既習であることもあり、市販の問題には手をつけませんでした。

・小論文：完成および実戦の講義と添削サービスを 9 割方利用しました。時間制限付きで書き切る能力を向上させることができました。

Q9, TOEFL、TOEIC はどうしましたか？

　TOEFL の点数は早めに上げた方が良いと言われています。私は英語が得意な方だと思っていたため、受験勉強開始の 3 ヶ月後に受験をしました。TOEFL が必要な金沢大学に急いで出願するためでもありました。結果は 74 点。諸説ありますが、80 点あると金沢大学合格には十分、と言われています。しかし、入試結果は不合格でした。一方、岡山大学には同じスコアで合格しました。ただ、他の合格者は私よりかなり高いスコアのため、私のスコアは合格水準とは言い難いです。

　TOEFL の勉強に加えて TOEIC まで勉強している余裕がなかったため、結局 TOEIC は受けませんでした。ただ、2015 年に受験した時は 805 点でした。

Q10、上記科目以外に勉強したことはありますか？

　生命科学に関するブルーバックス本やその他文庫本を読み、自身が重要だと感じた内容を Word でまとめました。列挙すると、

　①『がん遺伝子の発見』　黒木登志夫著　（中公新書）

　②『ゲノムが語る生命像』　本庶佑著　（ブルーバックス）

　③『睡眠の科学』　櫻井武著　（ブルーバックス）

　④『新しい免疫入門』　審良静男　黒崎知博著　（ブルーバックス）

　⑤『欧米人とはこんなに違った日本人の「体質」』　奥田昌子著　（ブルーバックス）

　これらの本は、決して息抜きで読んだわけではなく、2 回ほど読んで自分の言葉でまとめ直していました。特に、④は受験生にオススメです。免疫学の基礎だけでなく発展的な内容まで記載されているので、辞書的に使用できました。

Q11、勉強において、工夫した点は何ですか？

　とにかく自身にストレスがかからないよう最大限注意を払ったことです。具体的には、

　①全てのテキストや本を裁断し、スキャナーで PDF 化し、iPad に全て取り込んだ。これにより、好きな場所、好きなタイミングで全資料にアクセスできる環境を整えた。

　②家で全然集中できないタイプだったため、コロナ禍の前では、予備校の自習室や新宿近辺のカフェ、出身大学の図書室など、外で勉強することを心掛けた。

　③コロナ禍では、同じ受験生で元同僚の友人と毎日 LINE 電話でお互いの様子を映しながら勉強した。

④書くことに疲れたらコンピュータを使用した（編入試験の問題は総じて記述量が多い）。

Q12. 息抜きや休憩は何をどれくらいやりましたか？

　週に 1、2 日は、家でゴロゴロし、何もしない日を作りました。YouTube や Hulu などをずっと見て悠々自適生活でした。一方、勉強に取り組む日では必ず予備校自習室やカフェに赴きました。周りの目がある環境に身を置くことで、スマホやテレビの誘惑に対処できます。ただ、1、2 時間して集中力が途切れてきたら、予備校の近辺を何度も散歩していました。おかげで新宿の地理には大分詳しくなりました。

Q13. 振り返ってみて特に役に立ったこと、逆にやらなくてよかったことは何ですか？

　コロナ禍では、どうしても自宅で勉強せざるを得ない状況だと思います。ただ、自室にこもって勉強することは多くの人にとって大きなストレスに感じられると思います。幸いにも私には受験生仲間に元同僚という気兼ねなく話せる友人がいました。LINE でお互いの様子を映しながらの勉強は、自宅においても集中力を保たせるとても良い勉強方法になったと思います。今後の受験生も、もし受験生同士で知り合う機会がありましたら、是非こんな時代だからと誘ってみてはいかがでしょうか。

Q14. 勉強に関して、受験生にアドバイスをお願いします。

　自分を合格に導いたのは、ひとえに「積み重ね」だと思います。継続して勉強できる環境を作り出しましょう。岡山大学の合格発表で自分の受験番号が記載されているのを見た感想は、「あー今までの勉強量がやっと必要量に達したんだな」です。

　満を持して受験した大学に何回か落ちると「本当に合格するものなのか？」という疑念に駆られるものです。ただ、「そこで続けることができるかどうか」が、合格に至る前での一つの大きな分岐点だと思います。

　1年間ほど予備校に通いましたが、途中で見かけなくなる方もいらっしゃいました。

　4校目に受験した滋賀医科大学に落ちた際は結構へこみ、その時は友達と色々とグチをこぼしたり、何日も勉強をさぼったりしていました。ただ、「また落ちたらどうしよう」とは思い詰めず、「まぁ自分は自分だし、とりあえず続けてみよう」というぐらいの心持ちを取り戻し、勉強を再開しました。1年ぐらいは受験生活を続けられる環境を整え、時にやる気を失っても全然いいので、自分をだましながら、粛々と勉強を続けてはいかがでしょうか。

【出願】

Q15、出願において、苦労したことや、失敗したことは何ですか？

　一番苦労したことは志望理由書の作成ですが、詳細はQ24に記載します。その他、留学先の成績証明書関連で時間がかかりました。

　私は在学中にフランス留学していたため、その成績証明書も早めに用意する必要がありました（多々トラブルに見舞われました）。また、一部の大学では留学先の成績証明書の和訳を求められ、自身で和訳を作りました。自身の学歴に留学経験のある方は、何かしらの追加作業があることにご注意ください。その代わり、面接では必ず話題に上がるので、「当時は〇〇を学びたいと思い□□へ留学し、△△に関して学びを深めました。」と、伝えることで自然と自己PRにつなげることができます。

Q16、推薦書が必要な大学が多いですが、どのように対処しましたか？

　就職する前のインターン先である、国立研究機関の元上司に依頼しました。推薦書への署名や押印は大学の指導教官が望ましいですが、私のように元上司や指導的立場にあった人などにお願いする方法も是非選択肢に入れてみてください。詳しくは予備校に相談してみると良いと思います。

Q17. 出願に関して、受験生にアドバイスをお願いします。

　出願書類は出願開始初日に大学側に届くように、開始前日に郵送すると良いと思います。早い受験番号を取得することができます。大抵の大学で番号順に面接が行われるため、自分の面接までの待機時間を少なくすることができます。

【宿泊と交通手配】

Q18. 宿泊と交通手配について、注意点や失敗体験はありますか？

　新幹線の手配ではスマート EX 早特 21（2021 年 2 月現在）での申し込みをオススメします。新幹線往復代は安くはないので、かなりの割引になります。

Q19. 受験前日はどのように過ごしましたか？

　筆記試験の前日では、iPad に入れた過去問を眺め、解答時間配分のシミュレーションをしました。面接試験の前日では、自身が作成した応答を声に出して練習していました。元々寝つきが悪いので、試験前夜はいつもあまり寝られませんでした。睡眠の質が落ちると集中力も落ちるのですが、もう自分の体質だから仕方ないと諦めていました。

【筆記試験】

Q20. 筆記試験の雰囲気（周囲の年齢層や男女比など）はどうでしたか？

　福井大学、弘前大学および山口大学において、幅広い年齢層の受験生が見られました。一方、滋賀医科大学、金沢大学、岡山大学では、20代前半〜 30 代後半までがメインの層という印象です。ただ、どの大学においても、それ以上の方も必ずいらっしゃいます。

Q21. 筆記試験での成功点、失敗点は？

　岡山大学や滋賀医科大学の生命科学では、字数が指定されていない記述問題が多いです。限られた試験時間の中、「どういった内容を、どれ

くらいの深さで書くのか」を見定めて文章化する能力がとても大切です。この能力は、予備校のテストや演習付きの講義での添削に加えて、手書きやコンピュータなどでアウトプットを日々行うことで養うことができました。

　失敗点ですが、前半に受けた大学では、試験用紙に字を丁寧に書けませんでした。普段の勉強時にスピードを重視するあまり、字を丁寧に書く練習を怠ったからです。何十枚も試験用紙を見る採点官に対して、字の丁寧さが与える影響は少なからずあると考えています。また、書き直しを最小限に抑える意識も必要だと思います。編入試験では長文記述が多いため、何度も書き直していると時間のロスが無視できなくなります。

Q22. 筆記試験の出来は、各科目何割くらいでしたか？

　あくまで体感なのですが、合格をいただいた岡山大学では生命科学が6割8分、英語が7割2分といったところです。不合格となった大学の出来も列記します。全て筆記は通過しています。

・金沢大学：生命科学が5割5分

・福井大学：生命科学が4割5分、英語が6割5分

・弘前大学：生物学が9割、数学が7割、物理が8割5分、化学が9割

・滋賀医科大学：生命科学が4割5分、英語が9割、物理化学が6割、
　　　　　　　　小論文が6割

・山口大学：生命科学が8割、物理化学が7割、英語が7割

Q23. 筆記試験に関して、受験生にアドバイスをお願いします。

　合格に至るまでには、3つのレベルがあると肌で感じています。1つ目は「筆記試験を通過」、2つ目は「筆記試験を複数通過できるが、最終合格には至らない」、3つ目は「最終合格」です。

　レベル1をクリアすることが第一目標になりますが、この目標を達成したとしてもペースを落とさず筆記対策に取り組みましょう。なぜなら、レベル3まで到達するには、面接対策をするだけでなく、筆記能

力の向上も大変重要だと感じるからです。

　私は、レベル 1 とレベル 2 はスムーズにクリアできましたが、レベル 2 からレベル 3 に上がるまでに 6 ヶ月程かかり、苦労しました。この理由は、最終合格に至るほどの点数がそれまでの筆記で取れていなかったからではないかと考えています。

【志望理由書と面接】

Q24、志望理由書の作成についてアドバイスをお願いします。

　家族や親しい友人など、じっくりと時間をかけて相談できる相手を見つけるのが良いと思います。なぜなら、仲の良い友人と何時間もかけて話し込んで決めた志望理由が私にとって最終的なものとなったからです。

　私は医療分野とはかけ離れた分野を歩んできたため、「これまでどのような経験をしたか」「それを活かしてどのような医師像を描くか」という 2 点をつなげるのに 8 ヶ月間もかかってしまいました。中々作業が進まず、やがて志望理由を作る作業自体がモチベーションを下げるものになりました。少し考えてはまた勉強に戻る、という流れを繰り返していましたが、効率はよくなかったと思います。

　結果的に、「私は大学院や前職の業務を通して一貫して気体分子の挙動に関する専門性を高めてきた。それを活かして、気体分子（CO_2）の分圧異常が生じる患部の解析に取り組む研究医を目指したい」と述べることに決めました。

Q25、各大学の特徴をどのように調べましたか？

　大学と大学病院のホームページを閲覧しました。自身の○○の専門性を活かして□□の研究を行いたい、というスタンスで出願書類作成や面接を進めていたため、その□□の研究に関連する研究が受験先大学で行われているかどうか調べました。また、滋賀医科大学受験時は、滋賀医科大学を卒業された元編入生 OB の方と知り合う機会があり、自身の希望する科の先生の話を聞きました。

Q26. 面接対策として、どのような準備をしましたか?

　予備校で配布される過去3年分の大学別質問集を基に、受験予定大学で過去に出た質問への応答をWordでまとめました。面接試験を経るごとに内容を更新し、受験5校目の岡山大学受験時では合計2万字もの内容ができていました。大抵の方はパソコンかiPadで応答内容を作成されると思いますが、試験会場では電子機器の電源をオフにするので、きちんと印刷しておきましょう。

　受験大学のある都道府県が作成している「地域医療構想」には目を通しました。結局、面接で質問されなかったのですが、何という医療区域があり、医療資源が不足しているのはどの地域なのか、念のため調べておきました。

Q27. なぜ○○大学なのですか?　という問いにはどのように答えればいいですか?

　この質問は実に多くの受験生を悩ませるものです。特別な条件が揃わない限り、この問いにしっかりと答えられること自体が難しいのではないかと思います。滋賀医科大学の面接時にこの質問を受け、「貴学は滋賀県内の他大学工学部と医工連携の取り組みを特に推進されていて、自身の工学の専門性をその取り組みに活かしたいと考えるからです」と答えましたが、あまり納得はしてもらえませんでした。

　その後、私は将来□□の研究を行いたい、というスタンスに切り替えました。その□□に関係する研究を行っている先生が受験先大学にいらっしゃるか調べ、「入学して、○○先生が進められている□□の研究に、医師として携わりたいと考えるからです」と答えるように準備していました。しかし、結局その後に受験した大学では聞かれませんでした。

Q28. 面接でよく聞かれた質問は何ですか?　どう答えましたか?　面接官の反応はどうでしたか?

　「自身の専門性をどのように医師業に活かしたいか」です。

　私は、「大学院や前職の業務を通して一貫して気体分子の挙動に関する専門性を高めてきた。それを活かして、気体分子（CO_2）の分圧異常が生じる患部の解析に取り組む研究を目指したい」と答えました。正直分かりにくいかと思いますし、面接でも「具体的にどの部位か、なぜCO_2なのか」といった追加の質問を受けました。ただ、分りやすさに重きを置くと独自性が乏しくなるのではないかと危惧し、「まだ医学知識に乏しいが、自身の専門性をどのように活かしたいか自分なりに考えてきました」という思いを伝えることに努めました。

Q29. 実際の面接での成功談、失敗談について教えてください。

　自身の専門性がどのように医師業に活かせるのかまだ明確にできていないまま臨んだ面接では、その点に質問が集中してしまいました。その時は、自分の強みを海外経験の豊富さと捉え、「海外に向けて日本の医学研究を積極的に発信する存在になりたい」という将来像を描いていました。しかし、「例えばどういう分野に関わりたいか」「その分野が自身の経歴や専門性にどう関連しているのか」などを示すことができませんでした。

Q30. 面接に関して、受験生にアドバイスをお願いします。

　面接には実に様々な意見や経験談が錯綜しています。正直、受験が終わった今でも良く分からない面が多いです。仮に面接試験で落ちてしまったとしても、面接の出来を過剰に反省することなく、仕方ないと割り切りましょう。大切なのは、上手く応答できなかった質問に対して、次回では答えられるようにする心持ちです。

　私は面接で 4 回落ちていますし、実際に合格をもらえた岡山大学の面接でも、質問の意味が捉えられず答えに詰まった場面はありました。あくまで体感ですが、岡山大学で感触が良かったのは筆記の方です。よって、「複数校受けてどれか 1 つに引っかかれば御の字」という気持ちで、筆記の点数を日々上げていくことが大事かと思います。

【合格】

Q31. 合格した時はどんな状況で、どんな気分になりましたか?

　Q14. に記載した通りです。

Q32. もう一度受験するとしたら、どんな点を改善しますか?

　週1日か2日でも良いので、塾講師などアルバイトをしても良かったです。完全なフリーの状態だと、勉強開始後4ヶ月から少しずつペースや意気込みが低下した感があります。

　また、合格後に始めた塾講師のアルバイトを通して、「色々な生徒のことを考えて彼らのために何かを教える」ということ自体が自分の精神にとって非常にプラスとなることを実感しました。仕事を完全に辞めて挑まれる予定の方に向けてですが、自分のペースが失速してきたと感じたら塾講師のアルバイトを是非考慮してみてください。

Q33. 最後に受験生にメッセージをお願いします。

　読者の方々は、他学部で勉強中の学生や、お仕事をされている社会人など、実に様々な方々だと思います。そんな中で、どういう人が編入に向いているのだろうかと考えたことがあります。それは何より、私自身が医療とはかけ離れた分野にいたため、「こんな自分が編入に向いているのだろうか?」と何度も自問自答したからです。

　私は、「医者への道を目指してみようかな…」と思った時点で、その方は既に編入試験に向いていると思います。なぜなら、自分の周りにいる優秀な人でも、その選択肢自体に思い至らないという人が多かったためです。編入を志した時点で既に向いているのですから、あとは合格者が行ってきた努力を粛々と積むことで合格へたどり着けると考えています。

◆合格者⑥ . 高橋麻衣（仮名）

【プロフィール】

・氏名：高橋麻衣（たかはしまい）[仮名]

・受験時の年齢：21 ～ 22 歳

・受験時の立場（社会人 or 学生）：学生

・合格大学：山口大学

・略歴：2021 年 3 月慶應義塾大学法学部卒業、同年 4 月より山口大学医学部に編入学予定。

【受験全体像】

Q1. 医学部学士編入の受験を決意したきっかけは何ですか？

　家族に医療関係者がおり医療が身近な環境で育ったためか、幼いころから医療に漠然とした興味は持っていましたが、小学校高学年の時にニュースで小児科医の不足や妊婦のたらい回しが取り上げられていたことをきっかけに将来の職業として医師を考えるようになりました。

　高校 3 年の夏の時点では医学部を目指していましたが、数学と化学が苦手で思うように成績が伸びないという状況に焦りを覚え、当時は浪人することを恐れていたこともあって指定校推薦で前大学へ進学しました。法律や政治にも興味があったため、進学が決まった当初は自分の選択に悔いはありませんでした。

　しかし大学進学後、高校 3 年時の進路選択は法律・政治を学びたいという思いよりも、苦しい受験勉強（特に数学と化学）から逃げたいためのものであったことに気づき、苦しいことから逃げた自分を情けなく思うと同時に激しい後悔の念に駆られました。加えて、一般教養科目であった生命科学系の授業を受ける中で「やはり自分は医学を学んで医師になりたい」という思いが強くなり、同じような後悔を二度と繰り返さないために医学部学士編入試験に挑戦することを決めました。

Q2．いつから受験を始めて、合格までにどれくらいかかりましたか？

　実際に出願し始めたのは 2020 年の春からですが、編入試験のための勉強は 2018 年に始めたので実質 2 年かかりました。

Q3．どこの大学を受験しましたか？　受験校はどのように決め、結果はどうでしたか？

　英語、生命科学、高校範囲の物理・化学（＋数学）で受験できる大学を選びました。富山大学にも出願しましたが、1 次試験が進学先決定後だったので未受験です。

・大分大学：1 次（書類）合格、2 次（筆記）辞退
・岡山大学：1 次（書類）不合格
・山口大学：1 次（筆記）合格、2 次（面接）合格
・長崎大学：1 次（筆記）不合格
・鹿児島大学：1 次（筆記）不合格

　大分大学の書類選考には志望理由書（1200 字程度）が含まれますが、「自分が学んできたこと→きっかけと問題意識→将来どのように医療に関わりたいか」という構成で作成しました。草稿から完成まで、トータル 1 ケ月半ほどかけて丁寧に作成し、納得のいく出来の志望理由書を提出できました。なお、志望理由書の中で大分県の地域医療問題に触れるべきか悩みましたが、結局言及していません。

　また、「社会活動等その他の活動」について活動を証明できるようなものを最大 3 点添付できるのですが、私は何も添付しませんでした。もちろん活動の証明はあるに越したことはありませんが、なくても書類選考を通過できることが分かりました。

　岡山大学は書類選考で不合格でしたが、大きな原因は TOEFL の点数の低さ（60 点）にあるのではないかと反省しています。課題作文の完成度はそこまで低くはなかったと自分では思っていますが、出願者の中で最低点である TOEFL60 点をカバーできるほど上出来な文章ではあり

ません。

　山口大学は地元の大学で、高校時代に医学部を目指していた時に志望していた大学でもあるので、編入試験でも第一志望にしていました。力を入れて対策した甲斐もあって最終合格をいただくことができました。

　長崎大学は生命科学の問題量が多く、最後まで解ききることができませんでした。分かる問題からテンポよく解いていくことが大切だと感じました。しかし英語は手ごたえがあったので、1次合格できるのではと淡い期待を抱いていたのですが、結果は不合格でした。長崎大学の1次試験の合格発表日は山口大学の2次試験の合格発表日と同日だったのですが、山口大学には合格したものの、自分の学力はまだまだ不十分であることを実感させられて身の引き締まる思いがしました。

　長崎大学の入試の翌日に受験した鹿児島大学では、英語の問題量の多さに苦しめられました。序盤の方で時間を使いすぎて大問2の後半以降（大問は全部で3つでした）を解く時間がかなり少なくなり、焦って冷や汗をかきながら解いたのできっと解答の質も良くなかったはずです。

Q4. どのような受験戦略でしたか？

　最初の筆記試験開始までに既に1年間以上勉強していたので、2020年のうちに必ず合格するという気持ちで臨みました。先述のように私は高校化学と数学が苦手で、また物理に関しては高校1年の物理基礎以来触れていない状態だったので不安はありましたが、少しでも受験校の選択肢を広げるために高校範囲の物理・化学・数学には取り組んでいました。

Q5. 医学部編入予備校の利用はどのようにしましたか？

　2018〜2019年の1年間、生命科学の通信講座を受講しました。生命科学の講座受講終了後しばらくして（2019年12月末ごろ）予備校の在籍期限が切れたので、その後は手元の教材を利用して勉強していました。

Q6、受験にかかる費用や生活費はどうしていましたか？

　あまりアルバイトに力を入れていなかったため、親に援助してもらっていました。

【勉強】

Q7、勉強開始前、生命科学、英語、化学、物理、統計学はどれくらいでできましたか？

・生命科学：高校の生物基礎＋生物まで
・英語：TOEIC770点程度
・化学：高校の化学基礎＋化学まで
・物理：高校の物理基礎まで（高校1年で履修）
・統計学：未学習

Q8、各科目をどのように勉強しましたか？　教科書・参考書は何を使用しましたか？

〈生命科学〉

・予備校の生命科学のテキスト、ワークブック

　KALSの完成シリーズテキスト・ワークブックを5〜7周、実戦シリーズテキストを4周ほど解きました。実戦シリーズのワークブックは毎週の授業を受けた後に該当箇所を1回解いたくらいでほとんど使っていません。2018〜2019年（受験勉強1年目）では普段の授業＋復習くらいしか行っていなかったため、テキストやワークブックを何周も解いたのは全て2020年（受験勉強2年目）になってからです。

・予備校のテストバンク

　知識を確実に定着させる目的で、2020年3〜7月にかけて取り組んでいました。「テストバンクで分からなかったところを要項集で確認する」という作業を繰り返し、正解を選ぶのみならず、他の選択肢が不正解である理由を指摘できるようになるまで行いました。

・『大森徹の最強講義 117 講　生物［生物基礎・生物]』（文栄堂）

　主に山口大学の高校生物対策で使用しました。説明が分かりやすく、また定番の計算問題の例題も豊富で高校時代から愛用しています。

〈英語〉

・Medical News Today　（英語で医療に関するニュースを配信しているサイト）

　こちらのサイトの記事を毎日 3 つ読む（やる気が起きなくて 1 つしか読めない日もありました）と決めて受験勉強 1 年目の途中から合格するまで取り組んでいました。受験勉強 2 年目からは、山口大学の小論文対策としてニュースに対して自分の考えを書く、200 字などで制限を設けて要約をするといったことも新たに加えました。

・『テーマ別英単語　ACADEMIC　自然科学編（中級・上級）』（Z 会）

　英文を読むのが遅いという悩みがあったので、速読力を鍛える目的で主に受験勉強 2 年目に使用していました。毎日英文を 2 ～ 3 つ選んでそれぞれに対して精読 1 回→音声を聞きながら音読 3 回→精読 1 回を行うという流れです。速読力、単語力が鍛えられただけでなく、自然科学系の知識も身につきました。

・『システム英単語　メディカル』（駿台文庫）

　医療系の単語を知っておきたかったので受験勉強 2 年目から使用していました。高校時代に『システム英単語』を使っていたこともあり、レイアウトが似ていて使いやすかったです。最初は KALS の英単語帳を使っていましたが、私には合わなかったので途中で使用をやめました。

〈化学〉

▶ 1 年目

・『宇宙一わかりやすい高校化学』（学研プラス）

　理論化学と有機化学を、別冊問題集も含めてそれぞれ 2 周しました。

▶ 2 年目

・高校化学の教科書の章末問題

　高校時代の教科書を使いました。無機化学以外の範囲を3周して、スラスラ解けなかったところは教科書の該当箇所を読んだり、『宇宙一わかりやすい高校化学』に戻ったりして確実に解けるようにしました。

〈物理〉

▶1年目

・スタディサプリの映像授業（物理基礎・物理）

　高校1年の物理基礎止まりであるうえ、物理基礎が嫌いだったため自力で勉強する気が起きず、映像授業に頼りました。『宇宙一わかりやすい高校物理』も補足的に併用しています。

▶2年目

・『らくらくマスター　物理基礎・物理』（河合出版）

　基礎的な問題が解けるようになるための問題集で、単元によりますが3〜5周しました。難易度が低めなので物理が苦手な私でもあまり抵抗なく取り組むことができました。

〈数学〉

・高校数学の教科書の章末問題

　山口大学の入試1ヶ月前に数学ⅠA・ⅡBの章末問題を解きました。（1周のみ）

Q9．TOEFL、TOEIC はどうしましたか？

　受験でスコアを使うために TOEFL iBT は1回、TOEIC は2回ほど受験しました。（TOEFL iBT: 60点、TOEIC: 835点）

Q10．上記科目以外に勉強したことはありますか？

　山口大学では過去に公衆衛生分野が出題されていたため、『公衆衛生がみえる　2020-2021』（MEDIC MEDIA）を読んでいました（30分/日、試験の2ヶ月前から）。本番では医療統計に関する計算問題が数問出題されたのですが、これを読んでいたことで統計学を学習していない私でも解くことができました。

Q11. 勉強において、工夫した点は何ですか？

自分に合っていると感じた問題集、参考書を徹底的に使い込むことです。

Q12. 息抜きや休憩は何をどれくらいやりましたか？

体を動かすことが好きなので、毎日 1 時間程度は運動するようにしていました（ウォーキング、筋トレ、YouTube で配信されているエクササイズなど）。

Q13. 振り返ってみて特に役に立ったこと、逆にやらなくてよかったことは何ですか？

・役立ったこと

英語の長文に毎日触れると決めて、2 年間やり通せたことです。私はあまり長文読解が好きではなかったため、長文に対する抵抗感をなくすために行っていたのですが、「自分はこれだけ英文を読んできた」と試験前に言い聞かせることで不安を軽減することができました。

・やらなくてよかったこと

山口大学のためにわざわざ数学を勉強する必要はないかもしれません。数学は問題全体に占める出題数が少ないことを知っていながらも、数学を放置して試験に臨むのは怖かったので仕方なく高校数学の復習をしましたが、やはりコストパフォーマンスが悪かったです。

Q14. 勉強に関して、受験生にアドバイスをお願いします。

私のように受験校の選択肢を広げるために色々な科目を勉強するのもありですが、勉強する科目の取捨選択を思い切って行うことも戦略の一つだと思います。

例えば、私は 2 年計画での受験で時間は十分にあったので、せめて高校の物理化学までは頑張ろうと思って取り組んでいましたが、1 年で合格を狙うなら高校物化に手を出していませんでした。実際、苦手な科目の勉強にはどうしても多くの時間と気力を要し、その分他の科目の勉

強に費やす労力が減ってしまうことを痛感しました（しかも物理化学が嫌いだったので精神衛生上もよくありませんでした）。

　取捨選択の判断基準については人によって苦手の度合いも習得にかかる時間も違うので一概には言えませんが、早期に受験で勝負する科目を決められるとより効率的に勉強を進められることは確かなので、受験までに残された時間や志望校への思いの強さなどを考慮して悔いの残らない選択をなさってください。

【出願】

Q15. 出願において、苦労したことや、失敗したことは何ですか？

　新型コロナウイルスの影響で通っていた大学に立ち入ることができない期間が長かったため、出願に必要な成績証明書等の用意に手間取ってしまいました。

Q16. 推薦書が必要な大学が多いですが、どのように対処しましたか？

　所属していた大学のゼミの教授に作成していただきました。出願予定の大学の募集要項が発表されたらすぐに教授に連絡し、出願開始の1週間前までには渡してもらえるようにお願いしていました。

Q17. 出願に関して、受験生にアドバイスをお願いします。

　不測の事態に備え、出願に必要な書類は早めに手元に用意しておくと良いです。

【宿泊と交通手配】

Q18. 宿泊と交通手配について、注意点や失敗体験はありますか？

　失敗したと思ったことは特にありません。宿泊するホテルは、受験会場からのアクセスの良さを最優先して決めました。

Q19. 受験前日はどのように過ごしましたか？

　苦手な問題や覚えにくいことをまとめたノートを見たり、今まで読んだことのある英文を読み直したりしていました。

【筆記試験】

Q20. 筆記試験の雰囲気（周囲の年齢層や男女比など）はどうでしたか？

　山口大学と長崎大学は20代〜50代くらいの方まで、年齢層は幅広かったように思います。男女比は若干男性が多いような気がしました。鹿児島大学は、座席が大教室の前方で周りの様子が見えていないので分かりません。

Q21. 筆記試験での成功点、失敗点は？

・成功点

　集中力を最後まで切らさず試験に臨めたことです。

　ちなみに、初めての筆記試験かつ第一志望だった山口大学1次の前夜はいつも通り23時に就寝したものの、緊張のためか深夜2時半に目が覚め、そこから一睡もできませんでした。朝食も昼食もほとんど喉を通らず集中力が持つのか不安でしたが、今までの人生で受けてきた試験で経験したことがないくらい集中でき、全力を出し切ることができました。

　もし入試前夜に眠れなくても、「1日くらい大丈夫」と気楽に考えて元気に試験会場に向かってください！

・失敗点

　山口大学での失敗点は、午前中の学科試験の手応えがよくなかったことを昼休みの間もずっと引きずってしまい、気持ちをうまく切り替えられなかったことです。

　長崎大学、鹿児島大学についてはQ3.で述べたので省略します。

Q22. 筆記試験の出来は、各科目何割くらいでしたか？

　どの大学の筆記試験についても「できた」か「できなかった」かという大雑把な感覚しか残っていないので、得点率は予想できません。

Q23. 筆記試験に関して、受験生にアドバイスをお願いします。

　これは山口大学についてですが、午後からの小論文試験は 150 分と長丁場で集中力を要します。全力を発揮できるように事前の体調管理は入念になさってください。

　また筆記試験後に感じる手応えは良くも悪くもあまりあてにならないので、一喜一憂しないようにご留意ください。

【志望理由書と面接】

Q24. 志望理由書の作成についてアドバイスをお願いします。

　①各大学の志望理由書の書式は毎年ほぼ同じだと思うので、昨年度の募集要項を参照して早めに作成し始めるのがおすすめです。私は出願開始の 2 か月前までに「最悪今からでも提出できる」という状態まで仕上げて、出願までの 2 ケ月の間に細部の推敲を行いました。

　②可能であれば、色々な人からアドバイスをもらいながら作っていくとよいと思います。

Q25. 各大学の特徴をどのように調べましたか？

　大学のホームページで調べました。特に志望理由書が必要な大分大学、山口大学、長崎大学については志望理由書に着手する前に、自分が興味を持っている分野でどのような取り組みがなされているか調べるようにしていました。長崎大学に関しては、自分の目指す医師像と大学の取り組みがマッチしていたので、調べたことを生かしつつ志望理由書を作成しました。

Q26. 面接対策として、どのような準備をしましたか？

　特に念入りに行ったのは予め提出している自己推薦書を何度も読み返し、想定質問とその答えを作ることです。その他、山口県の地域医療構想を読んで山口の医療の特徴を掴んだり、山口大学が医療 AI の活用に力を入れていることから、AI と医療に関する本を数冊読んだりして知

識を増やすことで、少しでも自信をもって面接に臨むことができるようにしました。

Q27. なぜ〇〇大学なのですか？　という問いにはどのように答えればいいですか？

地元が山口だからか、「なぜ山口大学なのか」という質問は受けませんでした。

Q28. 面接でよく聞かれた質問は何ですか？　どう答えましたか？　面接官の反応はどうでしたか？

1 校しか面接を受けていないうえ、山口大学で行われた 3 回の面接では 1 つも質問内容がかぶっていなかったので、「よく聞かれた質問」はありません。

Q29. 実際の面接での成功談、失敗談について教えてください。

失敗談は特にありません。何が成功だったのかは今でもよく分かりませんが、これはプラスに働いたのでは？　と思うことを挙げておきます。
・自分が大学で学んできたことについてしっかりと述べられるようにした。

面接で有利になるような経歴ではない（文系、留学や研究の経験なし、社会人経験なし）ことに悩んでいた時期もありましたが、いくら悩んでも経歴は変えられません。そこで、「せめて大学生活で学んできたことだけは自信をもって語れるようにしよう」と思い、過去のゼミで使用した資料を見直すなどして念入りに準備をしていました。実際の面接では、大学で学んできたことに関する質問が多かったので準備の成果をしっかり発揮できました。
・ボランティア経験についての話を切り出す機会を逃さなかった。

私は小児医療に関係するボランティア活動に従事していたことがあるのですが、「法医解剖医になりたい」という志望動機とうまく結びつかなかったため、自己推薦書には記載できていませんでした。面接中、ボ

ランティアについて話す機会を密かに窺っていたところ、そのタイミングは突然やってきました。以下、面接の再現です。

面接官：「あなたは法医学に興味があるようですが、臨床には全く興味
　　　　　はありませんか？」

私　　：「いいえ。臨床にも興味があって、特に小児医療に関わるボラ
　　　　　ンティアをしていたことがあるので小児科にも強い関心があり
　　　　　ます」

面接官：「そのボランティアではどのようなことをしていたのですか？」
　　　（その後、ボランティア活動に関する質疑応答が数回続く）

　ボランティア活動の話を自然に会話の流れに持ち込めたこと、そして活動について面接官に関心を持っていただけたことが嬉しかったです。
・「分からないことは分からないと正直に述べる」、「面接官の目を見てはっきり話す」ということを心掛けた。
　とても基本的なことですが重要だと思います。

Q30、面接に関して、受験生にアドバイスをお願いします。
　自分をよく見せようと思うのではなく、ありのままの自分を知ってもらおう、面接官との対話を楽しもうという気持ちで臨むとうまくいくような気がします。

【合格】

Q31、合格した時はどんな状況で、どんな気分になりましたか？
　自室に籠って一人で番号を確認しました。自分の受験番号を見つけた時は安堵感、解放感、自分を受け入れてくれた大学への感謝の気持ちで胸がいっぱいになりました。

Q32、もう一度受験するとしたら、どんな点を改善しますか？
　TOEFL のスコアに妥協してしまった点です。TOEFL のスコアを受験

で使うと決めたなら費用や手間を惜しまずもっと真剣に取り組むべきでした。

Q33、最後に受験生にメッセージをお願いします。

　アピールできる能力も経歴も持っていない私が合格できたのは、合格への強い執念をもって勉強し続けたからだと思います。皆様も各々に合った勉強方法を見つけ、「合格したい、医師になりたい」という執念を燃やし続けながら頑張ってください。

合格者⑦．土橋　航

【プロフィール】

・氏名：土橋　航（どばし　こう）

・受験時の年齢：30 〜 31 歳

・合格大学：岡山大学

・略歴：早稲田大学政治経済学部経済学科→三菱東京UFJ銀行（現三菱UFJ銀行）
→会社経営者（7年、5社）→大学病院（循環器病棟）→岡山大学医学部医学
科に学士編入学

・TOEIC 985 点、TOEFL iBT 106 点、MENSA 会員

【受験全体像】

Q1．医学部学士編入の受験を決意したきっかけは何ですか？

　2018 年、一緒に仕事をしていた人の不誠実な面が徐々に顕（あらわ）
になり、このまま続けるべきでないと感じたことを契機に、心から「や
りたい！」と思える次の生き方を探し始めました。毎日アイディアを書
き出し、思い浮かんだことはすぐにメモし、本を読み、気になったこと
は調べ、自分の考えを書き出して整理し、知人に相談し、良さそうなこ
とは小規模で試してみる、といったことを繰り返していました。これを
1 年ほど続けて迎えた 2019 年の 7 月、医師になることを初めて思いつ
きました。強い気持ちの高揚感を感じ、すぐにそれが求めていた答えだ
と分かりました。

　1 年かけて出したアイディアの中には講師や心理カウンセラーなどの
個人と直接関わる職業や、ゲノムや脳波を応用した医療系のビジネス案
等がありました。唾液を郵送して行われる遺伝子解析サービスを受けた
経験もあり、医療分野への高い関心が医師を目指すことに繋がったと考
えています。

　医師になる方法を調べると、医学部を卒業しないと医師国家試験の受
験資格を得られないと医師法で定められていることが分かりました。そ

こで、医学部の社会人入試について調べ、学士編入制度を知ることになりました。

Q2. いつから受験を始めて、合格までにどれくらいかかりましたか？

2019 年の 7 月に医師になることを決めて勉強を開始し、2020 年の 7 月に岡山大学から合格をいただきました。ほぼ 1 年です。

Q3. どこの大学を受験しましたか？　受験校はどのように決め、結果はどうでしたか？

合格した岡山大学以外では、大分大学と、東京医科歯科大学を受験しました。理系科目の勉強経験がなかったので、英語と生命科学の 2 科目だけで受験できる大学に絞って受験することにしました。

受験は合格枠が限られている競争試験です。生命科学と化学と物理の 3 科目の初心者が仕事をしながら、東京大学や京都大学の理系出身者等も珍しくないライバル受験生と戦って勝てるレベルになるのは流石に無理です。だから、理系科目の素養がない受験生の 1 年目は 2 科目型受験が最善だと考えました。

そのため、もし岡山大学に受かっていなかったら、その他の 2 科目型大学である長崎大学、旭川医科大学、富山大学、金沢大学も受ける予定でした。

大分大学は、一次試験の書類審査で不合格になりました。

東京医科歯科大学は、一次試験である筆記試験＆書類審査に合格し、二次試験であるグループ討論＆個人面接は不合格でした。

Q4. どのような受験戦略でしたか？

募集人数はほとんどの大学でたった 5 名なので、筆記でも面接でもトップ 5（気持ち的にはトップ 3）を狙うつもりで臨みました。

海外生活歴 13 年の私は、英語は上位に食い込めそうだったので、必要最低限の医学英語だけをやりました。2 科目型の大学であれば、生命

科学でトップ5付近にさえ入れれば合格できると考え、残りの勉強時間はひたすら生命科学にあてました。これが私の1年目の受験戦略で、無事に合格できました。

Q5、医学部編入予備校の利用はどのようにしましたか？

　医学部学士編入の予備校といえば河合塾KALSですが、合格者の50％以上が利用している実績があり、非常に魅力的でした。一方で、不合格者に注目すると、KALSを受講して受からなかった人の数は、受かった人の数よりも多いです。予備校に行くことは間違いなく有利に働きますが、予備校ができることはあくまで合格へのアシストであり、受かるかどうかは自分の努力次第。迷いましたが、KALSの4年前の生命科学のテキストを譲って貰ったので、予備校には通いませんでした。ただし、今思うとハイリスクで、やはり受講した方が有利です。

　また、KALSが提供しているテストバンクというオンライン問題サービス（https://school.kals.jp/information/medical-trn-141212）は利用しました。

Q6、受験にかかる費用や生活費はどうしていましたか？

　貯金に加えて、実家に戻ることで家賃を0円にしました。また、医師になると決めてからすぐに病院で働き始めたため、給与所得もありました。

【勉強】

Q7、勉強開始前、生命科学、英語、化学、物理、統計学はどれぐらいできましたか？

・生命科学：脾臓の機能が分からず、リーディング鎖という単語を聞いたことがないレベル

・英語：英検1級、7年前にTOEIC980点、海外滞在歴約13年

・化学：アルカンという単語を全く聞いたことがないレベル

・物理：フレミングの左手の法則を説明できないレベル

・統計学：10 年前に大学の授業で履修したが、回帰分析の最小二乗法よりも難しいのはよく分からないレベル

Q8. 各科目をどのように勉強しましたか？　教科書・参考書は何を使用
　　しましたか？

　受験のような明確な答えが存在する問題は、問題を繰り返し解くことが超重要です。記憶したいことを片っ端から「分散学習帳」という無料の暗記カード作成アプリに入力、またはコピー＆ペーストしました。その後、合格するまで作成した問題を解き続けました。なお、暗記カードアプリは「分散学習帳」よりも合格後から使い始めた「Anki」というアプリの方がオススメで、詳しくは後述します。

　次に、実際に行った勉強の内容について書きます。「○」はやって良かったこと、「×」はもう一度受験するならやらないことです。勉強した時期も書きます。

＜生命科学＞
・「映像授業のトライイット」の生物基礎（2019 年 7 月、書籍でなくウェブサイト）　○
・セミナー生物基礎 2019（7 月）　○
・「映像授業のトライイット」の生物（8 〜 9 月、ウェブサイト）　○
・セミナー生物 2019（8 〜 9 月）　○
・Essential 細胞生物学（9 〜 10 月）
・一歩一歩学ぶ生命科学（9 〜 10 月）　×
・好きになる生化学（9 月）　○
・好きになる生理学（9 月）　×
・好きになる免疫学（9 月）　×
・生物合格 77 講（9 〜 12 月、辞書のように随時使用）　○
・KALS 医学部学士編入 基礎（10 〜 11 月、2 周目 12 〜 1 月）　○
・KALS 医学部学士編入 完成（11 〜 12 月、2 周目 1 〜 3 月）　○
・KALS 医学部学士編入 完成ワークブック（12 〜 1 月）

- KALS 医学部学士編入 要項集（1〜2月、2周目6〜7月）　○
- KALS 医学部学士編入 実戦（1〜3月、2周目6〜7月）　○
- KALS 生命科学テストバンク（3月、ウェブサイト）　○
- 医学部編入への生命科学演習（3〜6月、2周目7月）　○
- プログレッシブ生命科学（4〜5月）
- KALS 医学部学士編入 実戦ワークブック（6月）

＜英語＞
- TOEFL 英単語 3800（8〜9月）　○
- YouTube で TOEFL の試験内容やテクニックを学習（9月）
- TOEFL のスピーキング問題をオンラインで見つけて 80 問練習（10月）
- TOEFL リスニング問題をアプリで 18 問練習（10月）
- 新 TOEIC テスト BEYOND 990 超上級問題＋プロの極意 ○
- 医学部編入への英語演習（巻末の英単語の暗記のみ、8月、11〜1月）　○
- Nature（1月から毎日1記事。知らない英単語は暗記）　○

Q9、TOEFL、TOEIC はどうしましたか？

　スコアは2年間有効なので、2019年の10月に受験しました。

　TOEFL、TOEIC の対策は、学士編入試験の英語の対策にならない分野が多いです。TOEFL や TOEIC は早めに受験し、早期に編入試験で出題されるリーディング対策と英単語の暗記に時間を割けるようにしましょう。

Q10、上記科目以外に勉強したことはありますか？

　合格のために試したことをお伝えします。

＜書籍＞
- 化学基礎と化学の勉強（7〜9月。2科目型受験に注力することを決めてからやめた）　×
- ゼロから学ぶ医薬統計教室（8月）　×
- 医学部に関する雑誌（8月〜翌年2月にかけて8冊程度。一般入試向け）　×
- 無敵の就職心理戦略（10〜11月）　○

・医療 4.0（1月）

・医療倫理学の ABC（2月）　○

・ヤバい医学部（2月）　×

・キミが働く理由（4月）

・医学部の面接（教学社　1月、5〜6月）　○

・医系小論文（教学社　6〜7月）　○

・生きかた上手（5〜6月）　×

・白い巨塔（6〜7月）

＜ウェブサイト＞

・医学部学士編入関連のブログから情報収集（7月〜合格まで）　○

・統計 WEB ＞ 統 計 学 の 時 間（8 〜 10 月、https://bellcurve.jp/statistics/course/）

・時事メディカルや日経メディカルの記事を読む（1月）　×

・志望動機の作り方と伝え方のリサーチ（5月。主に YouTube で海外の医学部面接対策動画を視聴）　○

・岡山県と地域の医療問題についてリサーチ（6月。主に Wikipedia や厚生労働省のホームページに載っている医療問題の資料等を読む）

＜その他＞

・KALS 試験ガイダンス参加（2019年7月）　○

・医師の友人と会って話す（7月）　○

・病院に勤務（8月〜合格後も継続）　○

・病院で見かける医療用語や薬の名前を片っ端から暗記（8月〜合格後。病院での仕事が楽しくなりますが、編入試験の役には立ちません（笑））

・海外ドラマ The Resident 視聴（5月、7月、8〜9月）

・海外ドラマ ER 視聴（6〜7月。シーズン1のみ）

　4月から出願が始まると課題小論文や履歴書等を含む出願書類を書く作業があり、それなりに時間がかかるので、勉強に費やせる時間が減り

ます。

Q11、勉強において、工夫した点は何ですか？

　勉強で最も重要なのは、前述した通り暗記カードアプリ等を使って多くの問題を解くことです。効果的な勉強方法を調べた海外の研究では、知識定着のためには問題をたくさん解くことが非常に有効だという結果が出ており、それに従った形です。覚えたいことを「分散学習帳」や「Anki」のような暗記カードアプリに入力し、毎日それを解く。毎日解けば、作成したカードがそのまま頭の中に記憶として残る知識になります。インスリンの作用機序も、オルニチン回路も、10段階まで細かくしたグルコースからピルビン酸合成までの解糖系も全部これで覚えました。

　アプリは「分散学習帳」よりも「Anki」の方がオススメです。多機能で、広告がなく、特にパソコンとタブレットとスマートフォンの間でデータを同期できる点が優秀です。iOS版は3,060円かかりますが、それ以上の価値があります。

　暗記する際、関連している知識はまとめて覚えましょう。例えば、インスリンの作用機序の暗記であれば、チロシンキナーゼ型受容体、二量体、IRS-1、PI3K、イノシトール 4, 5-ビスリン酸、Akt2、プロテインキナーゼ B、GLUT 4、グリコーゲン合成、糖新生抑制などのキーワードがあります。これらは1枚の暗記カードに全て記載してまとめて覚えると効果的です。加えて、後でPI3Kと逆の反応を起こすPTENを学んだら、暗記カードを編集してPTENもPI3Kと同じ問題カードで覚えます。こんな形で、関連性の高い知識はセットで覚えると定着しやすいです。

　また、特に必要でなければノートに文字を書かない方がいいです。頭の中に浮かんでいる答えをノートに書き出すのは無駄な時間がかかるからです。先述したインスリンの作用機序で言えば、解答に必須のキーワードさえ言えるなら、試験本番でもちゃんと答案を作成できます。漢字の確認、計算問題、複雑な問題でのメモ等、書く作業は必要最低限に抑え

ましょう。

　英語の勉強においては、単語の暗記だけはしっかりやるべきです。海外に 13 年いた私でも、知らない単語に出くわせば意味が分からないし、そこを出題されたら勘で解答する羽目になります。編入試験ではほぼ全ての大学で英語が出題されるため、Nature を読めるレベルまでの英単語はやりましょう。

　「大きな成果は小さな成果の積み重ねである。天才的な技術は、小さな工夫の積み重ねである」というのが持論です。使えそうな工夫は積極的に取り入れ、積み重ねました。

・勉強終了時は数分で学んだ内容のおさらいをしてから休憩に入る。

・勉強を終えた後はすぐに別の活動やスマートフォンを始めないで、脳を休ませて知識を定着させる。

・概日リズム（体内時計）の乱れによる集中力低下を最小限にするため、仕事がある日もない日も同じ時間に起床・就寝する。

・瞑想や運動をして集中力を高める。

・出勤や勤務中の移動では階段を使用して運動も兼ねる。

・暗記カードは作成時間短縮のため、積極的にコピー＆ペーストや音声入力等を活用。

・1 問あたりの制限時間を設け、時計を見ながら問題カードを解く。

・経営学の巨匠であるピーター・ドラッカーの名言、「成果をあげる者は時間からスタートする」に基き、毎日勉強成果を記録して、勉強量を見える化する。

・勉強の成果は、勉強時間でなく、何を何ページやったかで測定する。

・寝不足を感じたら寝る。

・昼食の糖分を減らし、野菜とタンパク質を増やす。

・長期戦を意識し、必要な息抜きをする。特に睡眠。

・勉強以外の予定をなるべく入れない。

・ストレスを最小限にして勉強にまわせる集中力を最大化するため、勉強

以外は頑張らない。例えば、受験勉強と同時並行でダイエットをしない。

・就寝1時間前はなるべく電子機器を使用しない。ブルーライトによって睡眠が浅くなるため。

・動画学習は、Video Speed Controller などの倍速再生プラグインを使用し、できれば3倍以上の速度で再生する（学習時間を大幅に短縮できます）。

Q12. 息抜きや休憩は何をどれくらいやりましたか？

　趣味のゲームで遊びました。1日45分以内と決めて、タイマーを付けて遊びました。1日45分を2ヶ月やると45時間になるので、受験中でもドラクエ11など5作品ぐらいクリアできました。

　多くの人は朝に最も集中力が高く、徐々に疲れていきます。だから、息抜きのタイミングは14時以降に集中力が切れた時が望ましく、午前中はゲーム禁止にしていました。

　また、寝不足を感じた時は無理をせずに10分程度の昼寝をしました。

Q13. 振り返ってみて特に役に立ったこと、逆にやらなくてよかったことは何ですか？

　既にQ8.やQ10.で○と×を付けた通りですが、より詳しく説明します。

＜書籍＞

・『Essential 細胞生物学』は、説明が非常に丁寧で、図も豊富で分かりやすく、やって良かったです。高校生物の次の段階としてオススメです。トポイソメラーゼ、サイクリン /CDK など大学の生命科学の概念の入門書になります。約800ページもありますが、20章構成なので、1日1章で約40ページずつ進めれば20日で終わります。

・『好きになる生化学』は、生化学の超基礎的な本です。本当に入門だけですが、全くの素人にも分かりやすく、内容の方向性も編入試験の生化学と合っています。

・KALS のテキストは、もし時間がなければ完成ワークブックと実戦ワークブックはスキップして良いと思います。暗記カードを活用しながら実戦レベルと要項集までやり切れば、完成レベルはかなり簡単になります。

・『医学部編入への生命科学演習』は、市販されている KALS の本ですが、難易度も問題文から学べる内容も非常に良質で、完成と実戦の良いとこ取りをしたような優れた本です。個人的にはこれと要項集が最も優れたテキストで、試験までの時間がない受験生はこの 2 つだけをやるのもアリだと思います。実際に出題される試験のレベルに適しているだけあって、難易度は高いです。

・『プログレッシブ生命科学』は、編入試験対策としては、試験で出題されない内容が多く、演習問題がない点もマイナス。これをやるなら『Essential 細胞生物学』の方がオススメです。大阪大学の教授チームが中心になって執筆された本なので、大阪大学志望者は読んだ方が良いかも？

・『医学部編入への英語演習』は、編入試験で実際に出題される英語問題を把握するのに良い本です。巻末の医療系の英単語集も難易度が適切で、実際の試験でも出題されました。

・『無敵の就職心理戦略』は、面接対策として大変有用な本です。面接で使えるあらゆる細かい工夫や戦略が記載されており、私も最大限に活用しました。面接の 1 〜 2 ヶ月ほど前に一度読み、面接の 1 週間前にもう一度読むのがオススメです。

・『医学部の面接』は、一般入試の面接対策本ですが、面接官が何を聞きたくて質問をしているのかを丁寧に解説してくれている点が高評価の本です。本に載っている定番の質問に対する自分の回答を一度作っておくと、面接対策として非常に良いです。本の模範回答は高校生向けなので、そこだけは注意が必要です。

・『医系小論文』は、小論文試験と面接対策用に買った本です。一般入試向けの本ですが、医療系の頻出テーマが 20 個ほどカバーされており、

内容も深度が適切で、期待していたよりも良い本でした。岡山大学の筆記試験でも役立ちました。

・『医療倫理学のABC』は、グループ討論対策で読んだ本です。医療倫理は、例えば、「患者と家族で治療についての意見が食い違っているが、患者の意識がなくなってしまった。治療方針をどうするか」など、明確な答えがない臨床上のテーマを扱います。グループ討論試験がある大学を受ける方にオススメです。

＜ウェブサイト＞

・KALS のテストバンクは、３万円強で受講できるオンラインの生命科学問題集です。基礎〜完成レベルぐらいまでの範囲で、約 1200 問が収録されています。選択問題のみで、基礎的な内容が中心です。医学部学士編入試験のために作成された問題だけあって良問が多く、抜けていた基礎知識を補完するのに便利で、受講して良かったです。何回でも受けられる模擬試験があるので、毎回 90 点以上取れるまで学習すると、生命科学の基礎知識が安定します。

・Nature（https://www.nature.com/）は、トップページに表示される記事を１日１記事読んでいました。難易度が編入試験のレベルと近いので、スムーズに読めるようにしておけば試験本番でも英文をスムーズに読めると思います。

・KALS がオンラインで一般公開している、「【河合塾 KALS】大学別WEB ガイダンス」という YouTube の動画があります（https://www.youtube.com/watch?v=fnOZGyMZbN4&t=7s）。各大学の試験概要と傾向が整理されて紹介されており、非常に良い内容です。掲載したＵＲＬはガイダンスその１ですが、ガイダンスその９まであり、本文を執筆している 2021 年１月現在では全て無料で公開されています。

＜その他＞

・病院勤務について。試験に落ちる以上に悲惨なのは、苦労して医師になってから、医師の仕事は実はやりたいことではなかったと気付くこと

です。それは避けたいので、リアルな医療のイメージを持つために病院で勤務してみました。

　病院勤務には多くのメリットがあります。医療の現場が本当に自分に向いているのかどうかを体験できるし、現場の課題点も見えてきます。また、本気で医師になる気があることを行動で面接官に示す形になるので、面接試験でプラスに働きます。アメリカでは一度社会経験を積み、病院でのボランティアやアルバイトを経験してから医学部に出願するのが一般的である点も重要です。医学部学士編入制度は、このようなアメリカ型の入試制度を参考にして作られた側面があるので、制度の背景と合致しているという点でも病院勤務はプラスに働きます。

　私の場合、幸運にも出願時に必要な推薦書まで勤務先の病院の副院長・看護部長が書いてくれました。また、所属フロアの師長と看護師等、多くの方々が受験を応援してくれました。とても励まされ、心から感謝しています。

　仕事をすると無職で勉強に専念するよりも勉強時間が減ってしまう点はデメリットですが、週 5 日でなく週 3 日勤務にするよう交渉したことでデメリットを軽減できました。病院勤務は必要勉強時間や収入との兼ね合いで受験生全員に推奨できることではありませんが、医療業界未経験者には特にオススメです。看護補助者や医療事務であれば未経験でも採用してくれる病院が多いです。ただし、夜勤は概日リズムが乱れるので避けるべきで、私もやりませんでした。

Q14. 勉強に関して、受験生にアドバイスをお願いします。

　繰り返しになりますが、暗記カードアプリで問題を何度も解く勉強方法が本当にオススメです。あまりにも良いので、合格した後もずっと続けています。

　勉強の目標ですが、筆記試験は通過するだけでは不十分で、「成績上位 5 名以内」に入ることが重要だということを忘れないでください。上

位5名以内でなければ、筆記を通過できても面接で落ちてしまいます。競合受験生も面接で良い点を取ろうと頑張ってくるので、面接で抜きん出るのは厳しいです。

　あと、医学部学士編入試験合格を目指していることを周囲に宣言しましょう。目標は周囲に語り、公にすると達成確率が上がるそうです。

【出願】

Q15. 出願において、苦労したことや、失敗したことは何ですか？

　出願書類の多くは手書きが必要です。つまり、パソコン等で作成した志望動機や履歴書を正確に書き写す作業があります。書き損じると、見栄えが悪くなるのを承知で修正するか、やり直す羽目になります。

　やってみると分かりますが、1200字の志望理由書を丁寧な字で間違えないように書き写すのは大変です。3時間ぐらいかかるし、手汗で紙が歪まないように気を使うし、たまに書き間違えます。誤字は修正液等で修正できますが、使えば使うほど読み手の印象が悪くなる不安感が伴います。

　そこで、全ての文章を鉛筆で薄く下書きして、それからペンで書きましょう。全文を2回書くことになりますが、書き間違えが激減し、書く作業がかなり楽になります。作業時間も、いきなりペンで書く場合と比べて意外と変わりません。凡庸なアドバイスに聞こえると思いますが、悪いことは言わないから鉛筆での下書きは本当にやった方が良いですよ（笑）。履歴書についても同様です。

　出願書類を2部取り寄せるのもオススメです。

Q16. 推薦書が必要な大学が多いですが、どのように対処しましたか？

　勤務していた病院の副院長・看護部長に書いてもらえました。

　推薦書で悩む人に伝えたいのは、推薦書を理由に受験を諦めるのが最も避けたいシナリオだということです。大学教授も職場の上司もダメな

ら、会社の同僚でも、社会人経験が豊富な親戚でも、友達でもいいです。そのような推薦書がどう評価されるかは試験官次第ですが、出願が受理されて受験させてくれる可能性だってあるわけです。理想的な推薦書が無理でも、ベストを尽くした推薦書を準備しましょう。

　私の場合、東京医科歯科大学の推薦書の条件である「卒業研究指導教員，学位論文指導教員，又はこれに準ずる者（教員であることが望ましい）」を満たせていませんでした。さらに、「大学で取り組んできた研究課題（1000 字）」についても研究経験がなかったので、大学 4 年の時に個人的に勉強していた国家財政の疑問点について書きました。継続的なボランティア経験も、「なし」で出願。理想的な出願書類だったとは言えないでしょう。

　こんな状況でしたが、「学力検査及び書類審査」である一次試験は通りました。二次試験は落ちましたが、大学教員 10 名が 8 時間以上かけて 20 名を審査する貴重な二次試験の受験枠を、最初から落とす予定の人に提供するはずがありません。やり方次第では受かっていたでしょう。

　このように、推薦書や出願書類は、大学の指定するものと多少違っていても工夫次第で合格の可能性があります。最善を尽くして出願しましょう。

Q17、出願に関して、受験生にアドバイスをお願いします。

　書類の準備には意外と時間がかかります。小論文の答案作成は特に時間がかかります。成績証明書や卒業証明書はすぐに 10 部ぐらい取得しましょう。また、結婚等で名字が大学卒業時と異なる人は個人事項証明書も必要です。

　各大学の出願書類と出願時期は、変更がなければ前年度とほぼ同じです。志望校の前年度の募集要項はすぐに確認し、準備できる書類は速やかに取得しましょう。

【宿泊と交通手配】

Q18、宿泊と交通手配について、注意点や失敗体験はありますか？

　交通手段や宿泊施設の予約を後回しにし、満席になって予約が取れないと、最悪の場合は受験できません。募集要項が発表されて志望校の試験日程が分かったらすぐに予約を取りましょう。

　試験日程は変更される可能性があるので、日程変更やキャンセル可能な交通チケットやホテルがオススメです。COVID-19 が流行した 2021 年度の試験では、実際に多くの大学で試験日程が変更されました。

　失敗談は、試験日程を 1 日間違えて、1 日ズレた日程で航空券とホテルを予約してしまったことがあります。変更可能な予約でなければ、数万円の損金が生じていたところでした。

Q19、受験前日はどのように過ごしましたか？

　岡山大学を受験した際は、午前中に岡山へ移動し、予約していた大学付近のホテルで荷物を預けました。その後は大学へ向かい、ホテルから大学への道順と所要時間を確認し、翌朝の出発時刻を決めました。大学では学務課で過去問を閲覧させてもらい、過去 5 年分の傾向や配点を分析しました。その際に、一問あたりに費やす時間の限度も決めておきました。

　その後は市内の散歩と観光をしました。面接で岡山の印象を聞かれた場合の回答に役立つからです。観光は 17 時に切り上げ、夕飯を早目に食べました。残りの時間はひたすら面接対策にあて、21 時に就寝しました。21 時に寝れば、翌朝 6 時半に起きても 9 時間半も寝られるため、緊張などで多少寝付けなくても脳が充分に休まります。また、睡眠不足や疲労は顔に出るものなので、面接での第一印象が悪くなって評価が下がる点を考慮しても早く就寝するべきです。

　東京医科歯科大学の受験においては、東京に住んでいたため早目に就寝した以外は普段通りに過ごしました。

【筆記試験】

Q20. 筆記試験の雰囲気（周囲の年齢層や男女比など）はどうでしたか？

　岡山大学の場合、一次試験が書類審査で、30 名程度まで絞られます。一次試験倍率は 2 倍強です。二次試験は筆記＋面接で、男女比は 2：1 ぐらいでした。見た目の印象ですが、20 代の受験生が多く、30 代は少なめで、30 代後半以上はいなかったように見えました。

　東京医科歯科大学の場合、筆記試験の受験者数は 60 人弱でした。英語重視の試験だからか、男女比は 1：2 ぐらいで、岡山大学とは逆に女性が多かったのが印象的でした。年齢層は 30 歳前後の受験生が多かった印象があります。筆記試験の合格者は 20 名でした。

Q21. 筆記試験での成功点、失敗点は？

　成功点は、試験開始直後にテスト全体を確認して各問題に費やす時間配分を決め、さらに試験時間の 10％を予備の時間として残したことです。時間に余裕がない中でのベストを尽くせました。

　失敗点は、東京医科歯科大学の筆記試験で、前半の問題に予定よりも時間をかけてしまったことです。あまり自信がない解答でも、予定時間内に解答を仕上げて次の問題に行くべきでした。

Q22. 筆記試験の出来は、各科目何割くらいでしたか？

　自己採点では、次のようになりました。

・岡山大学

　生命科学は、問 1 が 9 割、問 2 が 9 割、問 3 が 2 ～ 4 割

　英語は、大問 1 が 8 割、大問 2 が 9 割

・東京医科歯科大学

　試験は英語のみで、5 ～ 6 割程度。

　時間が非常に短い試験です。時間がたっぷりあれば 7 ～ 8 割は取れると思います。しかし、時間が足りないのは全員が同じ条件なので、さほど気にする必要はありません。

Q23、筆記試験に関して、受験生にアドバイスをお願いします。

　筆記試験の会場では、どの受験生も参考書を開いて最後の復習をしていましたが、私は試験が始まるまではなるべく体力を温存し、頭を使わない方が良いと考えています。

　試験会場では試験開始の案内が始まるまでは廊下の隅でストレッチをして血流を良くしておき、試験直前はなるべく眼を閉じてボーッとすることで脳の体力の温存を心がけました。試してみてください。

【志望理由書と面接】

Q24、志望理由書の作成についてアドバイスをお願いします。

　募集要項が発表されてすぐか、それ以前に取り組むことです。出願書類時に志望動機などを問う「課題小論文」を課す大学が多いのですが、最初の出願時期は4月頃です。

　志望動機は何度も見直し、添削を依頼し、考え直し、書き直している内に段々と内容が洗練されていくわけですが…4月下旬に大分大学へ提出した志望理由書を5月上旬になってから読み返した時、書いてから2週間程度しか経過していないのにかなり稚拙な内容だと感じました。志望動機の掘り下げはたくさん時間をかけてもかけ過ぎることはありません。3月中には1200字程度の志望動機を作成し、人に見てもらうことをオススメします。特に大学教授や医師、学士編入試験合格者に頼むのが理想的です。

　内容のポイントですが、志望動機の過去、現在、未来を整理しましょう。医師になりたいと思ったきっかけとその後の行動（過去）、今医師を目指している動機（現在）、医師になってからやりたいこと（未来）の3点について、広く且つ深く掘り下げていきましょう。

　次に、少々戦略的ですが、過去と現在を少し控えめにして、未来を長めに熱く詳しく語れるようにしておきましょう。これは、面接であなたの話を聞く立場の人間にとって、過去の話を誇示されるよりも、これか

ら実現する未来を語られる方が好印象を抱きやすいからです。換言すると、これまで医療業界にあまり縁がなかった人でも、熱意を持って医療で実現する未来を語れば不利にはならないということです。

　志望動機を語る際は、論理よりも感情を重視して、ストーリーで想いを語りましょう。試験官が感動したり、期待したり、応援したりしたくなるようなトークを展開できるように準備し、練習しましょう。これができれば、志望動機と面接対策の一番重要な部分はクリアです。

　志望動機に関して最後にお伝えしたいのが、志望動機に絶対的な正解はないということです。実際に試験で合格した私や他の合格者の志望動機でさえ、高く評価してくれる面接官もそうでない面接官もいます。同じ大学でも、面接官が違うだけで結果が変わるものだと思います。自分の心と何度も深く向き合って、その思いを面接官に伝える準備と練習をし、本番はメンタルコントロールを徹底し、人事を尽くしたら天命を待ちましょう。

Q25. 各大学の特徴をどのように調べましたか？

　特徴を捉えやすいのは募集要項です。各大学の相違点に注目すると見えてくるものがあります。例えば、医師の偏在問題と戦いながら地域医療を支えることに力を入れている大学と、研究で世界的なプレゼンスを上げることに力を入れている大学では、アドミッション・ポリシーに違いが出ます。出願条件（理系科目の単位、英語試験のスコア等）や課題小論文のテーマ、過去問の傾向にも大学が求める人物像が反映されます。

　次にウェブサイトです。受験する大学の医学部のウェブサイトは全て読みましょう。医学部長からのメッセージ、歴史的背景、力を入れている分野、ホームページの作り込み具合、大学紹介動画、カリキュラムの特色、留学プログラム、研究プログラム、特別なカリキュラムなど、一つずつ見ていけば大学ごとの違いが結構見えてきます。大学の公式YouTube チャンネルが設立されている場合は当然見ておくべきです。

　例として、岡山大学はホームページの情報量が多かったり、日本初の学生による予防接種の提供を開始したりしていることから教育に非常に力を入れている印象を受けました。東京医科歯科大学は、英語学習や留学プログラムが充実している様子や、「世界」、「グローバル」という単語を多く使っている点が印象に残りました。

　ウェブサイト閲覧中に少しでも良いと思った点や気になった点があったらメモしておきましょう。他の大学でなく、その大学を選ぶ理由になります。小さなことに感じるかもしれませんが、その小さな違いこそがパクリでない「あなた自身で見つけたその大学を選ぶ理由」です。小さな理由でも、いくつか積み重なればその大学を優先して選ぶ理由になります。また、自分自身で見つけたその大学の魅力ですから、面接でも熱意を持って堂々と話せます。

Q26、面接対策として、どのような準備をしましたか？

　トークの内容については、Q13. で述べた通り、『医学部の面接』という本を利用して、面接での質問の意図を学んで理解しました。次に、私の経験に基づいた私専用の回答を作り、それを何度も改善しました。

　面接の評価を決めるのは好感度です。『無敵の就職心理戦略』という本に載っていた数々の面接のテクニックは、生命科学の勉強と同じように暗記カードアプリを使ってしっかりと勉強して頭に入れて、実際に使いました。

　面接は必ず練習しましょう。スポーツや楽器の演奏と同じで、頭の中で想像しただけの人と、実際に練習した人では大きな差が出ます。

　とはいえ、面接では自分の心の奥底を熱く語る必要があり、人に練習をお願いするのが恥ずかしかったり、自信がなかったり、時間を割いてもらうのが申し訳なかったりで、なかなか気が進まない人もいます。私自身がそうです。やらなくちゃいけないのは分かっているけれど、なかなかやる気が起こりません。

　こういう私のような人は、スマートフォンの録音機能やビデオカメラを使って、一人で練習してください。家でもカラオケでもどこでも良いです。録音・録画しながら話す練習をすれば、話の内容、ジェスチャー、滑舌、声の大きさ、トーン等、あらゆる点で改善点が見つかります。あとは、一つずつ改善しながら練習を繰り返すだけです。仮にあなた自身が面接官だったとして、受験生のあなたを合格させたくなるぐらいまでトークを改善できればきっと良い面接ができます。

　あと、早目に出願書類を出して受験番号を若くするのもオススメです。受験番号は、ほとんどの大学で出願書類の到着順になるようです。この点を利用して、出願期間になったらなるべく早く書類を郵送します。

　なぜだか分かりますか？　受験番号が前の方になると、二次試験での面接の順番が最初の方になります。面接の評価は好感度で決まります。面接が後の方になればなるほど、受験生も面接官も共に疲れてきます。受験者も面接官も、元気な時の面接と疲れている時の面接、どちらが高評価になりやすいと思いますか？

Q27、なぜ○○大学なのですか？　という問いにはどのように答えればいいですか？

　Q25. で回答した方法で志望する各大学を調べ、「あなたにとっての魅力」を明確にします。それを本番までに、自分の言葉で語れるように準備・練習しておきましょう。

Q28、面接でよく聞かれた質問は何ですか？　どう答えましたか？　面接官の反応はどうでしたか？

　私は職歴が非常に多かったからか、岡山大学でも東京医科歯科大学でも最初の質問は、「これまでの経歴について教えてください」でした。

　答え方ですが、実績を語るよりも、「なぜそれをやったのか」という「想い」の部分を重視しました。これは、人に実績や結果だけを話すと自慢っぽく聞こえてしまい印象があまりよくないからです。どんな気持ちで行

動したのかをまずは語りましょう。実績は、想いを語った後に、「結果として、幸運にも○○することができました」のような感じで付け足すように語ると印象が良くなります。

　他には、「医師になって何をしたいか」を問われました。「中学生の頃からずっと世の中に大きな影響を与えることに関心があった。罹患者数が少ないマイナーな疾患よりも、糖尿病、がん、アルツハイマーのような疾患者数が多い疾病において、治療や予防で成果を残したい。その手段として、これまでの豊富な海外経験を生かし、海外の優れた医療技術を日本に輸入し、日本の優れた医療技術を海外へ輸出したい」と回答しました。

　既にお伝えしたように、志望動機に絶対的な答えはありません。この回答だって、肯定的に見れば、「ありふれた医師になるのではなく卓越した医師となって医療に大きく貢献したい想いを持っている。社会経験が豊富な人が言っているから一層期待が持てる」と言えます。一方で、否定的に見れば、「抽象的で医師になってからの目標が明確になっていない。研究実績が乏しい人が言っているから全く期待が持てない」とも言えます。実際、岡山大学では評価され、東京医科歯科大学ではあまり評価されなかったようです。

Q29. 実際の面接での成功談、失敗談について教えてください。

　私は緊張しやすい体質なのですが、面接の直前に瞑想で精神のコントロールをしっかりと行ったため、とても良い精神状態で面接に臨めたことが成功点です。瞑想は、緊張しがちな人が精神状態を制御するのに効果的です。やり方ですが、両目を閉じて、時間をかけてゆっくりと鼻で呼吸します。その際、意識を常に呼吸に集中させます。これだけです。これを数分間続けます。自律神経系に影響を与えて過度な緊張を抑えることができます。

　失敗談は、最初に合格をもらった岡山大学をとても気に入ったため、

その後に受験した東京医科歯科大学の対策にあまり身が入らなかったことです。

Q30、面接に関して、受験生にアドバイスをお願いします。

　本番でうまく話せるかどうかは、準備で全て決まります。面接で聞かれそうな質問や、聞かれたら答えに困りそうな質問には、「もし自分が面接官だったら好印象を抱くような答え」を準備しておきましょう。

　また、質問は答えたら終わりではなく、受験者の回答に対してさらに質問が来るのが普通です。細かい点や、具体的な点を追加で質問されても回答できるように準備しましょう。聞き手が話の中身を想像しやすいよう、エピソードや例を交えて話すのが有効です。

　面接はコミュニケーションです。回答中は必ず面接官の方を見て、聞き手の表情を観察しましょう。相手を見れば、こちらの話に関心があって詳しく聞きたがっているのか、それとも興味がないから話を終わらせて欲しいのか、ある程度は判断できます。

　忘れがちですが、大きい声で話すことも重要です。声が大きいと、自信がある印象を聞き手に与えます。そもそも面接室は広い部屋であることが多く、さらに面接官と受験生の距離は数メートル離れています。小さい声は非常に聞き取り辛く、聞き手に悪印象を与えてしまいます。日常会話よりもかなり離れた位置に座る面接官と話すことを心に留めておき、大きい声で話しましょう。

【合格】

Q31、合格した時はどんな状況で、どんな気分になりましたか？

　通常、試験から合格発表まで2〜3週間ありますが、この期間が最も落ち着きません。早く結果を知りたくて仕方なく、非常にストレスを感じていました。

　岡山大学の合格発表で自分の受験番号を見つけた時は、一気に嬉しく

なって、声を出して喜びたい気分になり、応援してくれた方々に早く報告したくなりました。同時に、受験ストレスから一気に開放されました。また、これからのあらゆる医学の学習と、医師になることが非常に楽しみになりました。

Q32、もう一度受験するとしたら、どんな点を改善しますか？

・勉強の項目（Q8とQ10）で×を付けた勉強はやりません。○が付いていない勉強も一部やめます。

・生命科学の勉強方針は正しかったと思っているので、あとは面接対策、特に練習にかける時間を増やします。

・暗記カードアプリは「分散学習帳」でなく「Anki」を使用します。

・失敗談で述べた、岡山大学を気に入ったために東京医科歯科大学の対策に身が入らなかった点は、もう一度機会があっても同じことになりそうです。（笑）

Q33、最後に受験生にメッセージをお願いします。

　合格のためにできることは何だってやりましょう。落ちても言い訳なしの全力で受験に挑みましょう。

　あなたは1日何時間勉強できますか？　私は、はっきり言って集中力がない方で、1日10時間とか12時間の勉強は滅多にできません。30分や1時間ですぐに集中力が切れて脱線したくなります。だから、それでも勉強時間を稼ぐために試行錯誤しました。

・「タイマーを付けて勉強すると集中力は上がるだろうか？」

・「1時間おきに行動を記録したら勉強時間は増えるだろうか？」

・「昼寝を導入するべきだろうか？　何時頃に何分寝るのが良いのか？」

・「集中力が切れた時に6分だけ寝て記憶の定着を図るのは有効だろうか？　適切な時間は6分？　1分？　10分？」

・「誘惑対策をどうするか？」

・「勉強アプリもゲームもLINEも入っているスマートフォンをどうやっ

て管理するか？」

・「勉強の妨げになるけどアンインストールしたくないアプリとどう向き合うか？」

・「朝食は抜いてよいか？　集中力を改善するために食事は何を多めに摂取するべきか？」

・「このままのペースで勉強していて本当に受かるだろうか？」

・「集中力を上げる方法は何があるか？」

・「受験最高難易度の東京大学理科三類に受かる人達はどうやって集中し、どういった工夫をしたのだろうか？」

　こんな感じで、一つ一つの小さな疑問と向き合い、試行錯誤したことで、毎日の質を少しずつ上げて合格の可能性を高めました。大きな成果は、一朝一夕でなく小さな工夫と成果の積み重ねから生まれると思っています。工夫を足しながら、毎日小さな成果を蓄積しましょう。受験は長期戦です。1 日だけ 100 点を取るのではなく、毎日 80 点以上を積み重ねていくことが重要です。東京大学理科三類の合格者も、ケンブリッジ大学医学部の学生も、調べてみれば小さな工夫と成果を地道に積み重ねていたことが分かります。

　私は医学部には合格できましたが、まだ当初の目標である一人前の医師にはなっていないため、合格後も変わらず勉強を続けており、毎日の小さな工夫と成果を大切にしています。いつかお互いに医師となって一緒に働ける日が来るのを心から楽しみにしています。

◆合格者⑧. 中戸亮介

【プロフィール】

・氏名：中戸亮介（なかとりょうすけ）

・受験時の年齢：30 ～ 31 歳

・合格大学：神戸大学、群馬大学、鹿児島大学

・略歴：岡山大学薬学部卒業後、同大学大学院薬学系修士課程に進学。その後製薬企業に入社し、ファーマコヴィジランス部門にて 7 年間従事。 妻も同時期に理学部への編入を決意し、合格。2021 年 4 月より夫婦揃って神戸大学に進学。

・薬科学修士、認知症サポーター

【受験全体像】

Q1、医学部学士編入の受験を決意したきっかけは何ですか？

　最も大きなきっかけは、祖父の認知症の発症に早く気付けず後悔した経験です。

　もともと私は認知症に興味がありました。高校時代、同居していた祖母が認知症を発症したことがきっかけです。昔から相手をしてもらっていた将棋も指せなくなった祖母を見て、「俺が治療薬をつくってやる」と意気込んで薬学部に入りました。大学では神経変性疾患の研究に打ち込みましたが、「（研究から創薬に繋げるのは）途方もないな」と感じたことを覚えています。既に死んだ神経を再生することの難しさも理解できてきました。介護をする側の大変さも知り、私の家族のように苦しむ人々を、一人でも多く救う薬を創り続けられる企業で働こうと思うようになりました。

　入社を目前にしたある日、祖父の認知症が急速に進行していたことが発覚します。まさにその疾患を研究してきた自負があった自分が、すぐそばにいた祖父の病に気付けなかったことがショックでした。製薬企業に入社後は、医薬品開発に関わる面白さを知る一方で、祖父母に会う度

に「何でもっと早く気付けなかったのだろう」という思いが強くなって
いきました。

　製薬企業に勤めて 6 年目、祖父が亡くなりました。「治療薬だけを見
るのでなく、もっとたくさん話せば良かったな」という後悔と、「早期
診断ができれば、患者さんとその家族が最期のときを楽しく過ごす時間
がつくれるのではないか」という思いが生じ、再び認知症と向き合う覚
悟を決めました。

Q2. いつから受験を始めて、合格までにどれくらいかかりましたか?

　2019 年 10 月から予備校に通い始めると同時に勉強を開始し、最終
合格をいただいたのは 2020 年 10 月末でした。

Q3. どこの大学を受験しましたか?　受験校はどのように決め、結果は
　　どうでしたか?

　神戸大学、群馬大学、鹿児島大学以外に、金沢大学、岡山大学、大分
大学を受験しました。結果は次の表の通りです。

受験校	書類審査	筆記試験	最終面接
岡山大学	×		
鹿児島大学	なし	○	○
神戸大学	なし	○	○
群馬大学	なし	○	○
金沢大学	○	×	
大分大学	○	○	辞退

　生命科学と英語が出題範囲のいわゆる 2 科目型の大学に絞って受験
するという方針でした。また、医師として働く期間を少しでも長くした
かったため、チャンスを増やそうと可能な限り出願することにしました。

Q4. どのような受験戦略でしたか?

　生命科学と英語に絞り、最終的に面接で勝負するという戦略でした。
自分の特性をうまく生かそうと考えた結果です。まずはオーソドックス

に強みと弱みを考えていきました。

▶強み

・大学院では生化学的手法を用いた研究をしていたため、生命科学のとくに生化学分野は得意。

・生命科学系の文献を読んでいた経験がある。帰国子女ではないが、会社では日々海外の同僚と仕事をしてきたので英語への抵抗感も少ない。

・面接でアピールするポイントがいくつかある。具体的には、大学時代に学会発表や筆頭著者の英文原著論文を出した経験がある、学部時代に首席で卒業している、企業で多数の医薬品の開発・安全対策に関わってきた等。

▶弱み

・高校で理系かつ物理選択だったものの、物理には苦手意識がある。

・企業での業務内容はいわゆる受験の内容とは程遠く、基礎的な知識も抜けている。

・高校で生物を選択していないため、大学で手薄だった範囲をカバーする必要がある。

・仕事を続けながら受験する前提だったので、勉強時間が比較的少ない。

　生命科学と英語に絞るのが良いことは一目瞭然でした。加えて、勉強時間は一日あたり平日が1〜2時間、休日が8〜10時間確保できると見積もりました。ただ、早朝や夜にも会議が入ることがしばしばあったので、さらに時間が取れないかもしれず、2科目ですら同じように力を入れるのは難しいと考えました。私の場合、生命科学の方がより伸び代があると考え、生命科学に集中するという結論に至りました。

Q5. 医学部編入予備校の利用はどのようにしましたか?

　受験情報や教材の収集にかかる時間を節約するため、河合塾KALSに申し込みました。受講内容は次の通りです。

・2019年10月〜2020年4月、生命科学・英語・小論文がセットになった完成・実戦シリーズを通学で受講。

・2020 年 7 月、トップレベル生命科学テストゼミ受講。

　私の場合は、勉強するサイクルをつくるために通学を選択しました。それというのも、予備校に通う少し前から業務量が増え、連日 23 時頃に帰宅し泥のように眠るという生活が常態化していたことが背景にあります。自分に甘い私は動画視聴の通信コースだと休みたい気持ちに負けてしまうだろうと考え、「講義に出る」ということを目標に置いて、いくら眠くても通学を死守しました。結果として意識が受験に向いたので、通学は自分にとって正解でした。

　トップレベル生命科学テストゼミは、難易度が高めのテストを本番形式で解く（×5 回）という内容です。予備校で正式にテストを受けたのはこのときが初めてでしたが、時間感覚を養うという点で非常に役に立ちました。普段は時間をかけてテキストを解いていましたが、時間制限がある中では、解ける問題をいかに見抜けるかが重要になる、ということを肌で感じることができました。実際のテスト形式で解く演習が効果的とわかっていても、緊張感を持って実行するのは難しいのでありがたかったです。

　また、編入生の先輩（チューター）や講師に相談できるカウンセリングという制度も積極的に利用しました。

Q6、受験にかかる費用や生活費はどうしていましたか？

　働いて貯めたお金を利用しました。妻も働いていたので、生活費はそれぞれの所得から一定額を拠出していました。

【勉強】

Q7、勉強開始前、生命科学、英語、化学、物理、統計学はどれくらいできましたか？

・生命科学：大学レベルのとくに生化学について、用語の意味が大体わかる状態。

・英語：TOEIC は 840 点。語彙力は、予備校教材の単語帳が 2 〜 3 割

わかる程度。

・化学：高校化学と薬学関連の内容をなんとなく覚えている状態。

・物理：高校時代から点が伸び悩んだ科目で、覚えていたのは運動方程式くらいでした。

・統計学：大学で少し学んだように思いますが、ほぼ知識ゼロの状態でした。

Q8. 各科目をどのように勉強しましたか？　教科書・参考書は何を使用しましたか？

予備校の講義と自主学習に分けて記載します。

予備校の講義としては、Q5. で述べたように完成・実戦シリーズを受講しました。完成シリーズまでは講義を全て聴講していましたが、実戦シリーズからは英語と小論文の聴講をやめ、その時間を追いついていない生命科学の勉強に充てることにしました。

講義以外の自主学習の勉強方法は次の通りです。

・生命科学

知識をインプットする→できる限りテキストを解く（アウトプット）→直前期に仕上げとしてのインプットをする、という流れで進めました。

▶インプット（2020年1月末頃～）

大学範囲の内容は、予備校のテキストの要項集をベースにインプットすることにしました。要項集は受験生が押さえておくべきポイントがコンパクトにまとめられているもので、勉強を進める指針として最適だと考えたためです。実戦シリーズが終わるまでに、内容を理解するつもりで一度通読しました。気になった部分はネットで調べることが多く、大学レベルの教科書はほぼ用いませんでした。

高校範囲の内容は、『理解しやすい生物』（文英堂）を用いました。とくに、薬学部でほとんど学ばなかった遺伝・発生・感覚器といった分野はさっぱりだったので、何度も目を通すことになりました。非常によくまとまっており、とくに発生の分野などは基礎的な理解が進みました。

▶アウトプット（2020 年 4 月頃〜）

　KALS の完成と実戦シリーズのテキストをできるところまで解く、という方針でした。解いた日付をメモし、解けなかった問題に○をつける、次回繰り返す、というシンプルなものです。なんとなく紙だと頭に入る気がする、という主観に基づいて紙のテキストとノートを使った演習をし、電子化は取り入れませんでした。

　完成はテキストを 5 月までに一周し、続いてワークブックを進めました。ワークブックは総問題数を数え、大体一日何問解けるから何日かかる、と概算した結果をもとに計画を立てていました。その後、実戦シリーズのテキストを進めましたが、実戦のワークブックは最後まで解ききれずに本番を迎えました。

▶直前期のインプット

　「要項集」や『理解しやすい生物』を再度読み込み、知識の定着を図りました。また、予備校の問題集のうち間違えやすかったものや重要だと思った問題をピンポイントで解き直すこともしていました。

　なお、過去問は出題傾向を掴むため・自分がどの程度できるかを把握するために目を通す程度でした。ただし、鹿児島大学の過去問はしっかり確認しました。換気（ガス交換）と酸塩基平衡、神経細胞の膜電位といった、予備校では手薄になりがちだったり物理・化学の知識が要求されたりする出題が見られたためです。ガス交換では「分圧ってなんだっけ」というところから学び、膜電位については電磁気の範囲の復習から入りました。良い問題がたくさんあり学びも多いと感じるので、個人的には鹿児島大学の過去問はおすすめです。

・英語

　まずは予備校のテキストを用い、受験校の過去問があればそれを解いて大体の感触を掴もうとしました。その中で、「語彙力をつけるのが最優先だ」と気付いたので、予備校の単語帳をひたすら覚える方針に切り替えました。

　通勤や買い物までの道中、お風呂の中など隙間時間はほとんど単語の暗記に充てました。単語帳を覚えた後は、主に Nature Outlook の記事を読んで、知らない単語が出てきたら覚える、というように語彙を増やす習慣を継続しました。単語の暗記は、Weblio の単語帳アプリが辞書と紐付いていて使いやすかったです。分散学習などは特に意識していなかったので、そこはもっとうまくやれたポイントだったかと思います。

Q9．TOEFL、TOEIC はどうしましたか？

・TOEIC：受験校の出願要件になかったので再度の受験はしませんでした。

・TOEFL：主に岡山大学出願のために TOEFL iBT を受験しました。対策には『TOEFL テスト英単語 3800』（旺文社）を用い、RANK3 までの範囲で勉強しました。また、公式問題集の模擬テストで練習しました。結果としては、2021 年 2 月に初めて受けて 69 点、9 月に再度受けて 80 点でした。

Q10．上記科目以外に勉強したことはありますか？

・小論文：はじめは小論文が課される大学の受験も考えていたため、予備校の講義を受講しました。また、『医学・医療概説―医学部進学のための特別講座』（河合出版）もざっと読みました。

・化学：鹿児島大学の対策で、化学平衡や気体などを復習しました。テキストは『理解しやすい化学』（文英堂）を用いました。また、大分大学の過去問を見て有機化学や酸・塩基も少し復習しました。

・物理：主に鹿児島大学の対策で高校範囲の電磁気を復習しました。物理（や関連する数学）は妻に教えてもらい理解が進みました。物理は暗記というよりセンスが必要だと私は思っているのですが、わからない時は潔く諦め、理解している人に教わるのが早いと感じた瞬間でした。単位を確認する・検算する、といった、計算力がある人は当たり前にやっていることを、実はできておらずミスを重ねているということもあり得

ます。自分が考えた過程を伝えて、どこが分かっていないかを見てもらうのが教わるコツだと思います。

Q11、勉強において、工夫した点は何ですか?

　私は気が散りやすいので、勉強以外にはスマホを極力見ない環境を作ろうとしました。LINE は通知を切る、その他必須のアプリ以外は削除する、勉強する時はスマホを鞄にしまう、など。

　水野敬也さんの著書『夢をかなえるゾウ』の中で、神様のガネーシャが次のように説いています。

　「本気で変わろ思たら、意識を変えようとしたらあかん。意識やのうて『具体的な何か』を変えなあかん。具体的な、何かをな」

　我が家では、受験時にテレビを友人に譲りました。「何気ない時につい見てしまうテレビって、時間泥棒じゃない?」という話になったのがきっかけです。ないならないで困らず、部屋も広くなるし会話をする時間は増えるしで良いことがたくさんありました。「逃げ恥」を見られない時だけ後悔しましたが。

　ガネーシャは、「人が頑張って変わろうと思う時に、みんな意識を変えようとする」と言います。なぜなら「楽」だから、とのことです。今日から変わると決めて、頑張っている未来の自分を想像するのが楽だから、と。

　私の工夫は小さなことですが、そうせざるを得ない環境を作るという教えはヒントになるかもしれません。

Q12、息抜きや休憩は何をどれくらいやりましたか?

　受験勉強を始めるまでに趣味の登山をこれでもかと楽しんでいたので、その後は切り替えて休息日は設けずイベントも一切断りました。また歩くことが好きなので、集中力が切れた時はあてもなく散歩をしていました。一人で歩いていると自分に意識が向くので、志望動機などのアイデアが浮かぶこともままあるように思います。

Q13. 振り返ってみて特に役に立ったこと、逆にやらなくてよかったこ
　　とは何ですか？

　良い相談相手と出会えたことが、最も助けになりました。

　まず、妻の存在が大きかったです。同じ会社の同期だったのですが、「も
ともとやりたかった宇宙物理に挑戦するため、編入試験を受ける」とい
う英断をした女性です。将来のビジョンを一緒に話し合ったうえで志望
動機を考えることができ、「お互い受験を頑張ろう」と言い合える状況
で臨むことができたので、受験という面でも人生においても前向きにな
れました。

　次に、予備校のチューターです。仕事と勉強の両立に暗中模索してい
た私は、彼の「一日 10 分でも時間を取ってみましょう」という言葉に、
「10 分で良いんだ？」と思ったところから意識が変わり、徐々に習慣を
作ることができました。今思えば、そんな当たり前のことがわからない
とは相当疲れてたんだな自分、とも思いますが（笑）。人の状況に合わ
せた言葉をかけられる方と出会えると、それだけでやる気が出るものだ
と実感しました。

　最後に、志望校の編入生の先輩です。神戸大学の最終試験のプレゼン
内容を添削してくださいました。的確に指摘いただいて、最初とは見違
える程に良くなりました。志望大学に合格した先輩のアドバイスはとて
もためになります。そういった意味で、本書も受験生の皆さんに役立つ
ものになることを願っています。

　やらなくてよかったことは、覚悟もなく一度予備校の通信講座を受講
したことです。実は 2018 年に一度医学部編入を考えたことがあり、生
命科学基礎コースを通信で受講したものの、勉強もほとんどしないまま
断念した経験があります。その時は患者さんを直接救いたいという気持
ちが先行していたのですが、それだけで医師を目指すことが腑に落ちて
おらず、結婚もしたので安定を捨てるようなことはしなくても良いと思
い直しました。中途半端に終わり、お金も時間も本当にもったいなかっ

たです。

Q14、勉強に関して、受験生にアドバイスをお願いします。

　　具体的な勉強計画を立てること、自分にあった勉強スタイルを見つけること、きちんと寝ることが重要だと思います。

　　計画を立てるには、現状の把握と勉強時間の見積もりが必要です。登山でも、登頂できるかは計画段階で決まっていると言われます。総歩行距離はどれだけで、自分は何時間行動できるのか、どのような難関があって、それを越えるためにはどのようなトレーニングが必要か、不意に行動できなくなった時の対処方法を考えているか。これらがしっかりしていると、遭難しなくて済みます。

　　勉強スタイルは、集中する方法一つをとっても千差万別です。自分にあった方法を模索しましょう。ちなみに、私は久石譲の「Summer」を聴くと集中モードになります。元気を出したい時は東京事変の「閃光少女」を聴きます。音楽を活用するのもいいですよね。

　　寝ることは言わずもがなです。寝る、食べる、身体を動かす、基本ですが意外と崩れがちです。寝込んだ時のロスは計り知れないです。

【出願】
Q15、出願において、苦労したことや、失敗したことは何ですか？

　　書類の準備に想定をはるかに超える時間を要しました。日中ほとんど時間が取れない中で準備するためには、勉強時間を削らざるを得ない状況になってしまい精神的にも苦労しました。当たり前ですが、出願校が多ければ多いほど大変です。検定料も高額ですし、書類のミスなんてあった日にはその費用と時間が水泡に帰す恐れもあるので、気を抜くこともできません。私の場合は、妻が合間を縫って助けてくれたお陰で乗り切ることができました。時間がかかる、ということを念頭に置いておきましょう。

Q16．推薦書が必要な大学が多いですが、どのように対処しましたか？

　大学院時代の指導教授にお願いしたところ、快諾いただけました。推薦書は自分で草稿を作成しましたが、構成を考える時には合格者のブログを参考にさせていただき、大きく①能力面・実績、②人物面という形で組み立てました。①は研究内容や学会発表ならびに学業成績、②は研究室内での周囲との関わり方から見える人物面、といった感じです。当たり前ですが、早めにお願いし、なるべくご負担をかけないような配慮が必要です。

Q17．出願に関して、受験生にアドバイスをお願いします。

　出願には1校でさえ相当な手間と費用がかかります。できる限り早くスケジュールを立てておくのが理想です。また、提出書類は大学によって微妙に要件が異なる場合や、特別な書類作成が必要な場合もあります。先延ばしにしてしまいがちな方は要注意です。

【宿泊と交通手配】

Q18．宿泊と交通手配について、注意点や失敗体験はありますか？

　一度費用を浮かせようと安い宿にしたところ、ひどい部屋に通されたことがありました。逆に、「○大の受験ですか？　頑張ってください！」と声をかけていただき、良い気分で本番を迎えられた時もありました。休養を第一優先にして、ある程度しっかりしていそうなところ、当日の交通機関までのアクセスがよいところを選ぶことをおすすめします。

　また、鹿児島大学の筆記試験の時、前日バス停を案内所で確認していたにも関わらず、当日の朝いつまでたってもバスが来ないという事態に遭遇しました。鹿児島中央から大学までは結構距離があるので焦りました。その場にいた数人の受験生も、急遽電車に変え事なきを得ましたが、貴重な朝の時間を30分程集中できずに過ごしたうえ、あわや受験できなくなるところでした。よもやよもやです。何が起こるかわからないので、代替となる交通手段も考えておくと安心です。

Q19、受験前日はどのように過ごしましたか？

　ほぼ全ての時間を勉強や面接準備に充てましたが、交通経路を確認したり、ご飯を食べたりする時は切り替えてゆっくりしました。個人的には、受験直前が最も学習効率が上がるように思います。電車の移動中、飛行機の中、お風呂の中、どこでも勉強していて「一日ってこんなに時間があるのか」と感じるくらい集中していました。そして、日をまたぐ前には寝ていました。

【筆記試験】

Q20、筆記試験の雰囲気　（周囲の年齢層や男女比など）はどうでしたか？

　基本的にはセンター試験（今は共通テストですね）の時のような雰囲気かなと思います。ずっと参考書やメモを眺めている方、知り合いどうしで話されている方、休憩されている方、様々です。いずれの大学も30歳前後の方が大多数という印象で、男女比が偏っていると感じた大学もありませんでした。

Q21、筆記試験での成功点、失敗点は？

　英語で語彙を増やしたことが成功点です。基本的に科学論文からの出題だったので、難しい文法を問われることもなく、単語の意味が取れることでかなり対応できたように思います。

　失敗点はいくつもあります。手薄だった物理、化学、統計が割と出題され、多科目の対策をされていた方は難なく取れるだろうという設問をほぼ落とすことになりました。時間があれば、例えば高校の物理・化学の教科書の設問を解けるようにするだけで九死に一生を得るかもしれません。また、金沢大学では英語の時間配分を完全に間違え、配点の高い問題にかける時間がなくなり大きく失点しました。難しいのですが、引き際を見極めることが肝心です。

Q22、筆記試験の出来は、各科目何割くらいでしたか？

　全て主観です。

・鹿児島大学：生命科学は6割以上、英語は6〜7割だと思います。

・神戸大学：8割くらい。全て英語で生命科学の知識を問う出題です。幸運にも自分に合った問題で、生命科学の問いもほとんど解答できたように思います。

・群馬大学：小論文は採点基準がわかりませんが、手応えはありました。英語は7割以上かなと思います。大学院での経験がそのまま生きました。

・金沢大学：生命科学は7割程度、英語は5〜6割という印象です。もっとできていないかもしれません。

・大分大学：生命科学は5〜6割くらいです。統計に関するところがほとんどできませんでした。英語は読みやすく、ほぼ完答できた印象です。

Q23、筆記試験に関して、受験生にアドバイスをお願いします。

　いかに選択と集中ができるかが、実力を発揮するために重要だと感じました。相応の勉強が必要なことは言わずもがなですが、時間内により得点できる問題を見極めることができれば焦らなくて済みます。

　本番を想定して時間を計って解く練習をすることが、負荷も大きいですが最も効果的な方法の一つだと思います。私はこの練習が足りていませんでした。そこまでの胆力が自分にはないという方は、予備校の模試を会場で受けるというのも手かもしれません。緊張感のある中でどこまで自分が解けるのか、一度は経験しておきましょう。

　試験当日ですが、私は休み時間に必ず外に出るようにしていました。新鮮な空気を吸うと気分転換になるし、「自分がここに通うことになったら」と想像して校舎を見ることもできます。これは私なりの気持ちをリセットする習慣でもありました。午前の試験に手応えがなくとも諦めるにはまだ早いです。切り替えていきましょう！

【志望理由書と面接】

Q24、志望理由書の作成についてアドバイスをお願いします。

　こうすれば必ず良いものができる、という王道はないと考えます。バックグラウンドによって思考の過程が異なるからです。このため少なくとも本項目は、共著者全員の体験談をご一読いただくのが良いのかなと思います。私としては、次の3点がベースになると考えています。

①これまでの経験

②医師を志望する理由

③医学部に入った後に何を成し遂げたいか

　医療に関わるバックグラウンドを持つ方はとくに、「なぜ方向転換してまで医師になりたいのか」の説明を求められるように思います。社会人歴が長いとなおさらです。「なぜ、現職でなく医師なのか」、「医師として、どのように医学・医療に貢献したいのか」について、必ず問われます。そしてこれらは、自分の価値観としっかり向き合っていないと自信を持って答えることができないものです。「こういう経験から医学に、医師に興味を持ったからです」というだけでは、それ以上掘り下げられると返答に窮するでしょう。

　「そんなことは当たり前だ」と思われた方、文章にしてみると意外と主観が大部分を占めていることもあります。経験を生かして何をしたいのか、なぜ自分が医師になるべきなのかをしっかり落とし込んでいるか確認するためにも、第三者にフィードバックをいただきましょう。ご参考までに、私は概ね次のような流れで作成していました。

　「これまでの経験から、とくに認知症の医療に興味を持った。また、認知症の医療において○○という課題があると考えており、研究の経験と製薬企業での経験がある自分が研究と臨床の両面から貢献できる医師となることで、より多くの患者を救うことができると考えた。課題の解決方法として、△△ということを考えて

いる。□□（自分の興味や目標の達成を支持するような大学の特色）という強みがある／環境がある貴学であれば、認知症の医療を前進させる医師となることができると考え、貴学医学部を志望する。」

　前述の３点の他、私は「なぜその大学を志望するか」をできるだけ含めるようにしました。記載しないことも可能だとは思いますが、その場合は面接で問われることになると推測します。将来像の説明にも繋がるので、できれば入れ込む前提で考えると良いと思います。

Q25．各大学の特徴をどのように調べましたか？

　募集要項の他には、主に大学のウェブサイトを参照しました。学長の言葉や説明、力を入れていそうな分野やどのような施設・設備があるか、特徴的なプログラムがあるかなどくまなく調べました。附属病院の研修センターのプログラムも、将来像を描くのに有用かもしれません。私は研究にも興味があるので、各研究室のページはよく確認していました。教授の先生がどのような方か、専門は何か、どのような業績があるか、などを見ていく感じです。

　では、調べた情報からどのように将来像を描けるのでしょうか。

　例えば、ある疾患に対して社会でサポートする仕組みづくりが必要と考えた時に、実際行政と連携して研究を進められている先生のもとであれば、学生のうちから実現に向けた活動に携われるのではないか、といったことが考えられますよね。

　他の例を挙げると、鹿児島大学の歯学部は、鹿児島以南の広い範囲で島嶼医療をカバーしており、医科歯科連携も盛んであることを知りました。私は、歯科医師の方が実はいち早く認知症の兆候に気付くことがあるのではないかと思い、鹿児島大学であれば認知症診断における医科―歯科のコラボレーションがしやすいのではないか、といった考えを巡らせていました。「もしその大学に入ることができたら、自分の強みを生

かして何ができるだろうか」と考えながら調べてみてください。

Q26. 面接対策として、どのような準備をしましたか?

　予備校で配られた過去の質問集の確認、出願書類の再確認、想定問答集の作成をしました。声を出して練習をしたのは神戸大学の時のみで、他の大学ではほとんど時間が取れませんでした。

　回答は、基本的に1分程度で答えられる長さにすることを心がけていました。私もそうですが、不安だと説明し過ぎてしまう方は短くしようという意識が大事です。時間を計って確認してみましょう。慣れていないうちは1分がかなり短く感じられるかと思います。

　神戸大学の口述試験は、出願者の最近の研究と医師を志すに至った経緯について、パワーポイントを用いて口頭で発表し（10分を厳守）、質疑応答を行うというものです。これが本当に大変でした。

　まず、研究概要を正確に思い出すため、自分の修士論文等の詳細を見返すところから始めます。一から全て説明できるレベルになるまで理解し直しました。並行して、プレゼン資料の準備を進めるという状況です。幸い研究結果はあったのですが、志望動機も含めトータル10分に収めるのが至難の業でした。私の場合、研究概要7分、志望動機3分を想定して組み立てました。

　最も意識したことは、「いかにわかりやすく説明できるか」です。相手は医学部の先生とはいえ、専門外の研究内容を7分で理解するのは困難なので、わかりやすさが最も重要だと考えたためです。結論を言葉だけではなくスライドに表す、実験手技をイラストで示す、仮説と結果をシンプルにまとめる。業務でのプレゼンとも毛色が異なるので非常に苦戦しました。日々研究内容を発表されている方でなければ、短期間に独力で作り込むのは難しいと思われます。私はスライド作成にかなり時間を要したので、完成してから実際に時間を計って発声練習できたのは当日の朝でした。幸運なことに午後のグループでしたので、朝6時には起きて微修正しながら5時間程練習することができました。

　前述しましたが、私の場合は先輩に相談できたのが非常に大きかったです。最初は途方に暮れていましたが、第三者の視点で見ていただき序盤で軌道修正できました。悩んだ時は一人で考えず、なりふり構わずどなたか探してみましょう。誰も頼る人がいない、身近な人には相談しづらいという方も、SNSやブログを探してみる、本書の著者にコンタクトするといったこともできます。少し勇気を出して、不安について相談してみてください。

Q27.　なぜ〇〇大学なのですか？　という問いにはどのように答えれば
　　　いいですか？

　実は一度も尋ねられなかったのですが、問われた場合は、志望動機やビジョンと関連付け、〇〇大学であればこれができると考える、という話し方をしたと思います。まずは大学の情報をとことん調べ、ご自身の将来像と照らし合わせてみることが第一歩です。

Q28.　面接でよく聞かれた質問は何ですか？　どう答えましたか？　面
　　　接官の反応はどうでしたか？

　「医師を目指すきっかけ」や「将来何をしたいか」は必ず尋ねられました。志望理由書に記載したような内容を、端的に、でも気持ちを込めて答えていきました。幸い、どこの大学も終始和やかな雰囲気で進みました。

　また、「現在の会社をやめてまで医師を目指す熱意はどこからくるのか」ということをよく尋ねられました。この質問は、生き方に対する真正面からの問いだととらえ、それに応えるべく本心をそのままお伝えしました。

　「私はこれまで、自分が医療にどれだけ良い影響を与えられるか、どうすればより貢献できるのかを考えて進む道を決めてきました。そして今までは、新薬こそが重要だと考えて製薬企業で働いてきましたが、認知症の祖父と向き合う中で、今できることがあるのではないかと考える

ようになりました。研究経験や製薬企業での経験をもつ私が、医師として認知症の医療を推し進めることこそが、今できる最大限の貢献だと考え、医師を志すに至りました。」

あまりに熱を込めて答えていたので正確にはなんと回答したか覚えていないのですが、このような主旨でお伝えしたと思います。反応を言い表すのが難しいのですが、気持ちは伝わったように感じました。

Q29. 実際の面接での成功談、失敗談について教えてください。

群馬大学のグループ面接は、私の部屋では受験生がそれぞれ自己アピールをしたのち、お互いに気になることを質問するという形式でした。この面接では、進行に貢献することが自分の役割だと考え、それを果たせたと感じています。他の受験生の話をきちんと聞いて、その方が面接官にアピールできること（面接官も聞きたいであろうこと）を尋ねる、面接官の方から時間が押している空気を感じた時は、自分の発言は極力手短に切り上げるなどを意識して実行できました。

あえてグループで実施するということは、チームワークも見られていると考えます。自分のことだけでなく、皆で突破するような心待ちで臨むのが良いと思います。

失敗談として、面接の最後に「声が小さい」と指摘された苦い思い出があります。「全然悪いことではないのだけど」とフォローしてくださり、なんて優しいんだと感動もしましたが、社会人としてあるまじき指摘に顔から火が出るくらい恥ずかしかったです。普段から声が小さい方、（自分にとっては）大きな声で話すのって大変ですよね。でも面接ではプラスに働くことはありません。発声練習をして臨みましょう。

また、神戸大学の口述試験では、スライドショーの表示が映写用スクリーンと手元のコンピュータで違っていたことに戸惑い、時間をロスするという失敗をしました。10 分ギリギリで作成していた私には致命的です。しかし時間をオーバーするのはさらに良くないと思い、研究発表を早口にすることでなんとか乗り切りました。この時案外冷静でいられ

たのは、「ここまで頑張ったのだから何があっても諦めない」と思えた気持ちの面が大きいです。努力は自負に繋がります。準備をし、失敗したら一呼吸置くことが大切です。

Q30、面接に関して、受験生にアドバイスをお願いします。

　テクニック的なことを言うと、アイコンタクトは重要です。面接官が複数名いらっしゃる場合に、目の前の方だけを見るのではなく、反応を示してくれていそうな方にも顔を向ける、話す時にもできるだけ全員に目を向ける、それだけで印象が変わると思います。

　面接はアピールする場でもありますが、面接官の先生とのコミュニケーションの場でもあります。あなたは「この人と良い関係を築きたい」と思った時、どのような話し方をしますか？　私の場合は、相手の表情や話し方を見て、何に興味があるかを知ろうとします。また、相手が私のことをどう思っているか想像します。そして、できるだけ自己開示しようと努めます。テクニックももちろん大事ですが、自分なりの信頼関係の築き方を面接でも実践するつもりで臨んでみてください。あなたの良さがきっと出るはずです。

【合格】

Q31、合格した時はどんな状況で、どんな気分になりましたか？

　在宅勤務中で、仕事の合間に妻と一緒に確認しました。余談ですが、妻は一足先に合格が決まっており、同じ大学に入れるかどうかの瀬戸際だったので、そのプレッシャーたるや凄まじいものがありました。気を紛らわせるために仕事のメールを読んで平静を保とうとしていました。そして祈るような気持ちで確認……

　妻・私「あったーーー！！！」

　私「え、間違ってないよね!?　受験番号ダブルチェックして！」

　妻「XXXXXX、間違ってないよ！」

みたいな会話をして、結婚式の時よりはしゃいでいたと思います。その

後は、「今日はもう仕事いいかな」という気分で過ごしたのを覚えています。

Q32. もう一度受験するとしたら、どんな点を改善しますか？

　もっと早く始めること、情報収集にもっとアンテナを張ること、の2点です。

　1点目について、私は予備校に通い始めたのが 2019 年秋からでした。講義が始まるのが 10 月からだったからです。それまでも仕事が忙しかったかというと、実は比較的余裕がありました。ちょっとでも早めに準備を始めていれば、書類の準備などで妻の時間を取らずに済んだだろうな、と思わずにはいられません。

　おサルに主導権を握られがちな方（注1）は、同じような悩みを抱えているのではないでしょうか。私の経験上、こういう方は「もっと早く始めよう」と思っても一瞬で燃え尽きます。これはモチベーション維持の方法が見つかっていないことが一因だと考えます。ではどうするか？先に述べた「環境を変える」ということ以外に、とにかく誰かに相談するのが良いと考えます。例えば、自分は「医師になって成し遂げたいことがある」と信じていても、「なぜ医師じゃないといけないの？」と聞かれると言語化できなかったりします。他者の客観的な意見は、このような自分でも気付いていないモチベーションの源泉に気付くきっかけになると思うのです。

　2点目について、とくに受験後に、「ネットはうまく使うことが必要だ」と感じました。私は予備校が最大の情報源でしたが、予備校に通わずに合格された方々は、何らかの繋がりを持たれていたり、有用な情報を発信していたりと本当にネットワークを作るのが上手だなと感心する毎日です。私は、SNS は「時間が取られるもの」という先入観から忌避していましたが、こと情報収集や距離を越えたコミュニケーションにおいては、強力なツールだと痛感しています。

　（注1）Inside the mind of a master procrastinator (Tim Urban | TED2016)

Q33、最後に受験生にメッセージをお願いします。

　私が受験した時の岡山大学の課題作文が、「あなたは学士なので」から始まっていたことが印象に残っています。「あなたは人間なので」と言われたような気持ちでした。問いは、医師にとって大学の教養科目がどのように役立つかに焦点が当たっていましたが、私は最初の一文が気になって、そもそも学士とは何だったかを調べました。出身大学のディプロマ・ポリシーを調べ、大学側がどういった次世代を育てようとしていたのかを、恥ずかしながら社会人になってやっと知りました。自分は学士に足る人間として、社会に貢献できているのだろうかと内省しました。大学は、人生の夏休みを過ごすところでも資格を取るためだけのところでもないのです。自ら学び、身につけた能力をもって「研究」という実践ができる場だと今は考えています。

　学士編入試験も、大学がこれだけ労力をかけるからには、受験生に期待していることがあるはずです。一般生とはまた異なる素養を持ち、今の医療をより良くする人材に入ってきてほしいと思って試験を実施していると想像します。学士編入を選択するからには、この期待に応えたくありませんか？

　自分は医療にどのような良い影響を与えられるだろうか。そのためには、どのような医師を目指すべきだろうか。迷っている方は、今一度原点に立ち返ることで道が開けるかもしれません。医師になろうと思ったきっかけは、それがなんであろうと良いと私は思います。だって学士編入試験を受けてまでなりたいのだから。自信を持って挑んでください！応援しています。

◆合格者⑨.名倉慎吾

【プロフィール】

・氏名：名倉慎吾（なぐらしんご）

・受験時の年齢：（24 〜 25 歳、大学卒業後→薬剤師）

・合格大学：大阪大学

・略歴：東京大学薬学部卒業後、薬剤師として勤務。2021 年に大阪大学医学部に学士編入学。

・TOEIC 920 点、TOEFL iBT 97 点。薬剤師。

【受験全体像】

Q1. 医学部学士編入の受験を決意したきっかけは何ですか？

　医療の道に興味を持ったのは、小学生の時に弟が急性リンパ性白血病を経験したことがきっかけです。闘病生活を間近で見る中で、人の命を救うことができる薬に感動したと同時に、薬に対する世の中の意識を変えて、副作用で社会的不利益を受ける人々を減らしたい、という思いから薬学部を選択しました。

　東京大学の前期教養課程で学ぶ中では、薬や病気を取り巻く環境を変えることによっても自分の志は実現でき、それならば医療現場を知らない人間になってはいけないと考えるようになりました。また、大学 4 年生までは、地方の高校生への教育活動を行う学生団体に熱中していたこともあり、地方医療への課題意識も持っていました。この思考の変化から、1 学年に 8 名しかない枠を勝ち取り、薬剤師免許を取ることのできる学科へ進学しました。

　薬剤師を目指してからは激動です。実務実習では薬剤師の可能性を感じる反面、医師との役割の違いをもどかしく思うことも多くありました。さらに、「ペイシェントボイスカフェ」という場で患者さんの話を伺う中で、薬だけでなく、疾患にもっと向き合う必要があることも痛感したのです。この頃から、自分の志を実現する有力な手段に「医師になるこ

と」が浮上していることは薄々わかっていましたが、大学の最終学年になっても決断ができずにいました。

　しかし、卒業の見えてきた2019年の秋。医学部編入を目指した大きなきっかけ、弟の疾患の増悪に直面しました。間質性肺炎と闘うことになったのです。この疾患は未だに特効薬が開発されていません。本当に悔しかったですよ。6年間東京大学で勉強して、薬剤師の資格も得るのに、目の前の家族の病気に何もできないのですから。

　そこで自分の気持ちに気付いたのです。仮に家族の疾患を治せなくても、同じ状況の方に自らの手でアプローチできる存在、則ち医師でありたいと。また、患者や周囲の人が持つ薬や病気への意識を変えられるのは医師です。地域医療も、主導する医師がいなければ成り立たないものです。自分の正直な志に沿って生きるべきだと改めて判断し、卒業間近に進路を転換、医学部に入り直すことを決断しました。

Q2.　いつから受験を始めて、合格までにどれくらいかかりましたか？

　Q1.に書いた通り、医師を意識し始めたのは早かったですが、受験をしようと決断したのは2020年の1月頃です。しかし当時は大学の最終学年であり、薬剤師国家試験の勉強で1月と2月は潰れてしまいました。実際に医学部編入試験へ向けた勉強をスタートしたのは2020年の3月頃です。2020年7月に大阪大学を受験、8月に最終合格をいただいたため、受験期間としては4ヶ月程度でした。

Q3.　どこの大学を受験しましたか？　受験校はどのように決め、結果はどうでしたか？

　早期に合格することができたため、最終的に受験したのは大阪大学のみですが、東京医科歯科大学、筑波大学にも出願していました。受験校選びの基準は以下の2つです。
①生命科学の配点が大きすぎず、物理・化学の試験を課す
②自分の経歴（薬剤師、東大、多少の研究経験）を生かせる

　生命科学は医学部編入試験において重要です。私は薬学分野以外の生命科学（遺伝など）が弱く、生命科学を武器にすることは望ましくないと判断しました。反面、高校時代や大学受験は物理と化学を選択しましたし、大学レベルの内容も大学の教養課程で勉強していたため、物理と化学を受験科目として課す大学で勝負するべきだと考えました。

　当初は①と②を満たす大阪大学、筑波大学を志望校としました。特に、世界の免疫研究をリードする大阪大学医学部は魅力的で、第1志望に定めて受験を開始しました。また、②を満たす東京医科歯科大学にも出願しました。合格者に東大生が多いとの噂がある上、医療系総合大学であることから薬剤師の経歴を生かせるのではないか、と判断したためです。

Q4、どのような受験戦略でしたか？

　先述の通り、生命科学を武器にせず、物理と化学で勝負をかけに行きました。英語はTOEIC・TOEFLでそこそこの点が取れていたので、論文等の科学英語長文に触れる機会を増やすことで、他科目の勉強量が増えても英語力を落とさないことに力を注ぎました。

　なお、大阪大学の受験時には、公開データとヒアリングから、合格者の筆記試験の全体平均と合格者平均を算出し、目標点数等の具体的な戦略を立てました。

Q5、医学部編入予備校の利用はどのようにしましたか？

　大学を卒業したばかりで金銭的に余裕がなかった私にとって、数十万円の医学部編入予備校の授業料は到底払えるものではなく、通塾はしませんでした。ただし、河合塾KALSが提供する「医学を学ぶための生命科学テストバンク（標準編）」を利用しました（Q8で具体的に書きます）。

　なお、私は受講しておりませんが、KALSの生命科学の授業は非常に質が高いとの噂を耳にします。特に生命科学が初学の方にとっては大きな力になるでしょう。不確定要素の多い医学部編入試験、お金で近道できる部分はしておいた方がいいのではないかと考えます。

Q6、受験にかかる費用や生活費はどうしていましたか？

　大学を卒業したばかりで貯金が全くなかったため、非常に苦労しました。幸い薬剤師免許を取得することができたため、薬剤師として働くことで生活費を賄っていました。勉強と並行するために色々と時間の都合をつけてくれた職場に対しては、感謝の気持ちに堪えません。

　ただ、医学部編入試験を受けるにあたっては、生活費だけでなく出願料や交通費、教材費などで多額の出費があります。仕事だけではそれを捻出できず、その部分は家族から援助してもらうこととなりました。

【勉強】

Q7　勉強開始前、生命科学、英語、化学、物理、統計学はどれくらいできましたか？

・生命科学：薬剤師国家試験に合格する程度です。遺伝学や発生学は苦手としており、特に後者は国家試験で勉強しなかったのでさっぱりわかりませんでした。

・英語：大学時代に論文等はそれなりに読んでいたため、ある程度の自信がありました。TOEIC 920 点、TOEFL 97 点です。

・化学：大学教養レベルです。大学の前期教養課程で簡単に勉強した内容に加え、有機化学は薬剤師国家試験である程度身につけていました。簡単な反応（Diels-Alder 反応 , Claisen 縮合など）は書けました。

・物理：こちらも大学教養レベルです。力学電磁気波動の基本、慣性モーメントと Maxwell 方程式がぼんやりと理解できているくらいです。

・統計：大学教養の授業で多少勉強しましたが、しっかり身についておらず、自分で説明できるレベルではありませんでした。

Q8、各科目をどのように勉強しましたか？　教科書・参考書は何を使用しましたか？

▶生命科学

　分野によっては大学時代に一度勉強したこともあったので、知識を網

163

羅している参考書でインプット（2020 年 3 〜 4 月）を行った後は、ア
ウトプットの練習（2020 年 5 月〜）を繰り返す、という順序で行いま
した。また、記述問題は頭の中で答えを想像するのではなく、実際に
Word ファイルに打ち込んで解答を作成するように心がけました。

・『Essential 細胞生物学』（南江堂）

　基本的な知識のインプットに用いました。細胞生物学の内容がこれ 1
冊で網羅されていると言っても過言ではありません。800 ページと非
常に分厚く、1 ページずつ順番に読んでいくと日が暮れてしまうので、
各章末についているまとめを一読し、自分で説明できない内容がある部
分のみを読むことをお勧めします。

・『チャート式生物　生物・生物基礎』（数研出版）

　発生学の内容をインプットするために用いました。本書は大学受験を
する高校生向けの教科書であり、完全に初学でも理解できるように作ら
れています。最低限の基礎を固めるという意味では、背伸びして大学内
容の教科書を用いないで正解だったと考えています。

・医学を学ぶための生命科学テストバンク（標準編）

　KALS に通学しなくても利用できるサービスで、1,000 問以上が収載
されたオンライン問題集です。3 万円程度で半年間のライセンスを得ら
れ、試験に出題されやすい良問を習得することができます。スマートフォ
ン上でも解くことができるため、受験中は大変お世話になりました。3
万円を支払う価値は大いにあります。

・『薬剤師国家試験対策参考書　青本』（薬学ゼミナール）

　薬学生なら大抵持っているでしょう。生命科学の基本となる細胞生物
学、生理学に留まらず、化学分野の有機化学が大変わかりやすく図示、
解説されています。大学内容を勉強する上では非常に優秀なテキストに
なりますので、持っている方は捨てずにとっておきましょう。

▶英語

　学士編入試験の英語ではそこまで難解な文章は出題されません。生命

科学系の文章を題材に、基本的な読解力を問われることになります。後述する「Q9. TOEIC・TOEFL の対策」以外では、以下の教材を用いました。

・「英単語アプリ　mikan」

　正直に言って英単語アプリならなんでも良いと思いますが、私にはこれが合っていました。隙間時間に学習し、間違えた問題が溜まっていくので、寝る前にそれらを復習する、というサイクルの繰り返しです。問題を解いた後に「秀才！」「天才！」と仰々しく褒めてくれるので、モチベーションが上がります。（笑）

・『医学部編入への英語演習』（河合塾 KALS）

　医学部編入試験で実際に出題された問題を題材に演習を積むことができます。過去問に勝る演習はありませんから、正直この問題集を利用しない理由がない、くらいに思っています。また、巻末に「重要単語リスト」として医学英単語がまとめられており、ここに載っているものを暗記するだけでも、本番かなり楽になるのではないでしょうか。2013 年の出版であるために少々内容が古いのと、価格が約 4,000 円と高いことが玉にきずですが、総合的には素晴らしい 1 冊です。

・各種医学論文

　『Lancet』『New England Journal of Medicine』などを用いました。2日に 1 本と数を決め、定期的に Word ファイルに要約を作成することで、読解力が落ちていないかを確認しました。最近は Google 翻訳の精度も素晴らしく、要約が正しいかどうかは、Abstract を翻訳して確認することで解決することが多いです。

▶物理

　4 科目型の受験をする上では、最大の関門になる科目です。最初のうちは勉強量と点数が正比例しない（2 回微分が正の値）ので、できる人とできない人で非常に差がつきます。最大の注意点としては、大学によって出題のレベルがかなり異なることです。自分の志望校によって正しいレベルの参考書を用いましょう。私は大阪大学の試験での目標点数

を 50/100 点と設定し、以下の参考書を用いました。

・『スバラシク実力がつくと評判の演習：力学、電磁気学、熱力学』（マセマ出版社）

　大阪大学の物理とかなりレベルの近い演習書です。このシリーズを完璧にしておくだけで、かなりの範囲に対応できます。本書は完全に大学内容であり、解説がそれほど充実しているわけではないため、初学の方がいきなり取り組むには無理があると思います。

・『単位が取れる量子力学ノート』（講談社）

　大阪大学の試験の量子力学分野はそれほど難しい問題が出題されません。この本は大学の講義形式で進められ、最終的には水素原子の電子の波動関数が理解できる内容になっています。化学の「量子化学」分野とも重複するので、大阪大学対策としてはこの 1 冊で必要十分でしょう。

・予備校のノリで学ぶ「大学の数学・物理」

　有名な YouTube チャンネルです。微分方程式の解法、div や rot の概念、マクスウェル方程式の感覚を掴む教材として優れています。私は基本がわからなくなった時に何度もお世話になりました。

▶化学

　4 科目型を受験される方は化学も対策することになります。暗記の要素がある科目であるため、勉強開始から比較的早い段階で点数が伸び始めるのが特徴です。しかし、高校レベルと大学レベルの差が大きく、化学を武器にする戦略は、化学専攻の方でもない限り控えた方が良いでしょう。大阪大学の化学は有機化学の比重が高く、自分にとっては有利に働きやすいと判断したため、目標点を 50/100 点と設定し、以下の問題集を使用しました。

・『演習　有機化学 [新訂版]』（サイエンス社）

　基本的な混成軌道からベンゼン環の反応まで、大学レベルの有機化学の基本を押さえた演習書です。大阪大学では近年「この物質を出発物質として、3 工程以内で次の物質を合成せよ」といった有機合成の問題が

出題されますが、その対策として最適です。ただ、解説が簡素であり、大学で一度有機化学を学んでいる人でないと少々厳しいかと思います。

・『演習で学ぶ　化学熱力学』（裳華房）

理論化学の核となる状態方程式、エントロピー、化学ポテンシャル、溶液の束一的性質などについて、幅広く演習できます。解説が簡素なので初学者には向きませんが、大学で一度勉強している場合には、この1冊でかなりの広範囲をカバー可能です。

・『単位が取れる量子化学ノート』（講談社）

物理の項で紹介した、『単位が取れる量子力学ノート』の化学バージョンで、内容の多くが重複します。大学レベルの化学が出題される大学を受験する際に、一読しておくと便利でしょう。

Q9．TOEFL、TOEIC はどうしましたか？

各種スコアは2年間有効です。スコアを要求する大学は少なくありませんので、志望校の選択肢を狭めないためにも準備が大事です。

TOEIC は 2019 年夏に取得したスコア（920 点）をそのまま流用できるかと考えましたが、結局出願には使いませんでした。TOEFL は3月頭時点でスコアを持っていませんでしたが、出願予定の東京医科歯科大学は 80 点以上のスコアを要し、新型コロナウイルス感染症による試験の延期も危惧されたため、早急に用意する必要がありました。したがって、3月上旬はほぼ TOEFL の勉強に費やしました。以下に勉強方法の概要を示します。

・Reading & Writing

公式問題集（『ETS The Official Guide to the TOEFL test』）を中心に学習を行い、1日2回分以上を解くよう心がけました。特に Writing は解答の骨格を暗記し、骨格に自分の意見を当てはめるだけで文章が書けるように訓練しました。

・Listening

Podcast を用いて、「NHK WORLD RADIO JAPAN news」を題材にシャドーイングを行いました。これは日本や世界のニュースを題材としたもので、TOEFL レベルのスピードのリスニングに慣れるのにはちょうど良いです。医学部学士編入を決意する前から習慣化していたのですが、受験期間中は最低 1 日 2 ニュース分、各 2 回以上はシャドーイングを繰り返していました。

・Speaking

「Native Camp」というオンライン英会話を使用して対策を行いました。これは月額 7,000 円程度で海外の方とオンラインレッスンを受け放題、というサービスです。3 月の 1 ヶ月だけ受講し、2 日に 1 回は 30 分のレッスンを受けるようにしました。

以上の後、「TOEFL Practice Online」と呼ばれるオンライン模試を受験し（5,000 円程度で購入できます）、可能な限り良いスコアを取れるように努力しました。「全力の付け焼き刃」でしたが、何とか基準を超える 97 点を確保することができました。

Q10、上記科目以外に勉強したことはありますか？

私の受験する予定だった大学のほとんどは小論文を課していました。結果的に受験した大阪大学の対策のみを記述します。手順としては 3 ステップです。

①小論文の基本的な型を確認する

文章を書くのは苦手ではありませんでしたが、「小論文」という形式の文章をほとんど書いたことがないと気付いたので、『小論文これだけ！医療・看護編』（東洋経済新報社）という書籍で小論文の型の学習を行いました。高校生向けの本なので大変読みやすいです。

②知識のインプット

書き方がわかっても、材料を持ち合わせていなければ実のある文章は書けません。『医学・医療概説　医学部進学のための特別講座』(河合出版)

を用いて、最近の医療トピックを総ざらいしました。ただ漫然と読むだけではなく、試験に出た時にどう答えるか？を想像しながらインプットしました。

③アウトプット

　材料を頭の中に叩き込んだ後は、ひたすら文章を書く練習です。本番では 800 ～ 1,000 字の文章を答案用紙に書くことになりますが、スムーズに書くには練習が必須です。また、個人の文章作成の癖もありますので、第三者に見てもらうことが大変重要です。私の場合は、ソーシャルネットワーク上で知り合った大阪大学合格者等に添削を依頼し、客観的な意見をもらうようにしていました。

Q11、勉強において、工夫した点は何ですか？

　①成果の見える化、②合格者の戦略を真似ることの2点です。

生命科学			
項目		1週目	2週目
Essential	第1章	4/7	4/25
	第2章	4/8	4/27
	第3章	4/9	4/27
	第4章	4/10	4/27
	第5章	4/11	4/29
	第6章	4/12	4/29
	第7章	4/13	4/30
	第8章	4/14	5/4
	第9章	4/15	5/5
	第10章	4/16	5-6
	第11章	4/17	5/6
	第12章	4/18	5/7
	第13章	4/20	5/7
	第14章	4/20	5/10
	第15章	4/21	5/15
	第16章	4/22	5/18
	第17章	4/23	5/19
	第18章	4/24	5/20
	第19章	4/26	5/22
	第20章	4/28	5/22

物理			
項目		1週目	2週目
マセマ力学	第1講	4/19	6-22
	第2講	4/22	6/22
	第3講	4/27	6/23
	第4講 -1	4/30	6/23
	第4講 - 2	5/4	6/28
	第5講	5/6	7/1
	第6講	5/8	7/1
	第7講 - 1	5/9	6/29
	第7講 -2	5/14	6/29
	解析力学入門	5/14	
マセマ電磁気	第1講	4/20	6/24
	第2講 - 1	4/23	6/24
	第2講 - 2	4/29	6/24
	第2講 - 3	5/4	
	第2講 - 4	6/17	
	第3講 - 1	5/29	6/26
	第3講 - 2	5/30	6/26
	第3講 - 3	5/30	6/26
	第4講	6/15	
	第5講	6/15	

化学			
項目		1週目	2週目
有機化学演習	第1講	4/28	
	第2講	4/29	
	第3講	4/29	
	第4講	5/1	
	第5講	5/5	
	第6講	5/5	
	第7講	5/6	6/10
	第8講	5/8	6/10
	第9講	5/8	6/10
	第10講	5/14	6/10
	第11講	5/16	6/11
	第12講	5/27	6/11
	第13講	5/27	6/11
	第14講	5/28	6/22
	第15講	5/29	6/22
	第16講	5/28	
	第17講	5/27	
	第18講	5/28	
	第19講		
量子化学	第1講	5/31	

　1点目について。私はかなり飽きっぽい性格であるため、「成果の見える化」を徹底しました。具体的には、Google スプレッドシート上に勉強する内容を章単位で記載し、終了したものに日付を記入していく、

というものです（前ページ図）。塵も積もれば山となる、とは言いますが、積もっている塵の量を可視化することは、モチベーション維持に莫大な効果をもたらしてくれました。

　2点目について。学士編入試験は合格者の割合が小さい試験です。だからこそ、成功者の意見を聴くことには千金の価値があると考えます。Q8. で述べた勉強法は、合格者が書いているブログの戦略を参考にしているほか、ネット上やリアルでお会いした先輩から意見をいただいています。手探りの状況で明後日の方向の努力をしてしまうよりは、労力を割いて成功者の戦略を取り入れることが重要だと考えます。

Q12. 息抜きや休憩は何をどれくらいやりましたか？

　私の医学部編入試験は短期決戦を狙っていたので、空いた時間はほぼ勉強に費やす勢いで勉強していました。1 日に勉強する範囲を定め、それを終えた日には追加でストイックに勉強していました。ただ、これは結果的に私が 4 ヶ月程度で合格できたから「成功談」と言えますが、長期スパンでの受験を検討する場合には、燃え尽きないように休息を設けることが重要だと思います。

　あえて言うならば、週に 5 日の薬剤師の仕事がとても楽しかったので、それが良い息抜きになりました。また、他の医療職と意見交換、読書、お酒なども適度に取り入れており、過剰なストレスがかからないように気をつけていました。

Q13. 振り返ってみて特に役に立ったこと、逆にやらなくてよかったことは何ですか？

　役に立ったことは、「周囲に受験を宣言したこと」です。周囲に宣言することはプレッシャーにもなりますが、モチベーションの源が求めづらい編入試験においては、勉強の背中を押してくれる追い風となりました。また、職場や友人に事前に説明していたことで、働き方を柔軟に調整してもらえたり、医学部編入を経験した先輩に繋いでもらえたりと

いった出来事もありました。公言することによって得られるメリットは計り知れません。

　やらなくてよかったこと、というよりも失敗点を挙げるとすれば、お金で買える時間短縮を渋ったことです。KALS の生命科学講座、学術誌の購読、各種オンライン英会話など、お金で買える優良な物はたくさんあります。しかし、私は大学卒業直後で貯金が少なかったことから、節約志向になっていました。私は結果として合格を掴みとることができたので良かったものの、1 年早く医師になれる価値と、目の前の金銭状況を天秤にかけた時に、もっと前者に重み付けをしても良かったと考えています。

Q14. 勉強に関して、受験生にアドバイスをお願いします。

　当然ですが、筆記試験を軽く見ないことが重要です。面接試験では大きな差がつかないことが多く、大阪大学のように筆記試験の比重が大きい大学であれば言わずもがなです。実際、私の成績開示では筆記の順位と最終順位は同じですし、過去の先輩方のデータでもほぼ変わらない傾向です。筆記試験で高得点を取ることが、合格確率をあげる有効な手段です。

　また、医学部編入試験の勉強は情報が少なく、孤独な戦いです。従って、「自分をいかに律することができるか」が勝敗を分けると考えています。私は、「時間の制約を課すこと」が意欲を掻き立ててくれました。私は受験勉強中も週に 35 時間程度は薬剤師として働いていたのですが、限られた時間だからこそ、適度な緊張感とモチベーションを得ることができました。

【出願】
Q15. 出願において、苦労したことや、失敗したことは何ですか？

　様々な書類を準備する必要がありますが、これが非常に大変でした。令和の時代にもかかわらず、手書きで記入しなければならない書類が多

く、想像以上に時間がかかります。私の場合、たかだか 1,000 字の文章を清書するのに、書き直しを含めて約 2 時間かかりました。コンピューターであれば 10 分くらいで書き終わるはずの量なのにと、当時泣きながら書いていました。

　また、出願までのステップが多いです。出願書類を印刷し、記入、コピーを用意、封筒を用意し、切手を手に入れ、郵便局で書留速達をお願いする等。働いている方であれば郵便局の受付時間はシビアですし、家にプリンターがない場合には各書類をコンビニで印刷しなければなりません。私はこれを見誤って駆け込み手続きが多くなってしまったので、早め早めに準備するべきでした。

Q16、推薦書が必要な大学が多いですが、どのように対処しましたか？

　私は大学を卒業したばかりであったため、推薦書は卒業論文を指導してくださった先生にお願いすることができました。卒業後にもかかわらず時間を割いてくださった先生には本当に感謝しています。実際には、推薦書の下書きを作成して持参し、先生の意向で修正と押印をお願いするなど、可能な限り負担にならないようにしました。とは言え、私は推薦書の依頼が出願 2 週間前とギリギリになってしまいました。本来は1 ヶ月以上前にお願いするべきだったと反省しています。

Q17、出願に関して、受験生にアドバイスをお願いします。

　準備には想像以上に時間がかかることを常に念頭に置いてください。出願手続きに時間を取られた結果、勉強のスケジュールが崩れる、というのが一番勿体ないので、とにかく早め早めに動きましょう。たかが出願、されど出願。出願が成功しないと受験の権利すらありませんので、舐めてかからないようにしましょうね。

【宿泊と交通手配】

Q18、宿泊と交通手配について、注意点や失敗体験はありますか？

　宿泊と交通手配については、自分なりに成功したと考えているので、

失敗経験ではなく注意点を3点書きます。

①ホテルの絶対条件は「大学に近いところ」。これを早めに押さえる

　ホテルに泊まるのはコンディションを整えるためです。わざわざ大学から遠い場所を予約して、余計なストレス要因（公共交通機関の遅延など）を作るべきではありません。また、国立大学の医学部の多くは市街地から離れた場所に位置しています。条件の良いホテルは限られているので、出願が始まったらすぐに予約しましょう。ちなみに、大阪大学を受験するのであれば、江坂という街が大変おすすめです。

②ホテルは朝ごはん付きのプランを予約すること

　受験日に朝ごはんを抜くなどもっての外です。知らない土地で朝ごはんを食べる場所を探すのは意外とストレスです。

③受験地までの移動には格安の交通手段は使わない

　多少高くても快適な交通手段（新幹線や大手の航空会社）を利用するべきです。万が一試験日程が変更になった際にも対応できるよう、購入時に日程変更やキャンセルの条件を確認し、柔軟に変更可能なものを選びましょう。

　以上を満たすためには、お金がかかります。しかし、これによってベストパフォーマンスで試験に臨め、合格可能性が上がるのだとしたら、数千や数万円の投資としては決して高くないものだと考えます。

Q19. 受験前日はどのように過ごしましたか？

　試験前日に大阪入りしました。東京からの移動でしたので新幹線を利用し、ホテルは大学の近くの駅に朝食付きのプランで取りました（Q18.の内容を忠実に守りました）。

　ホテルに荷物を置いた後はすぐに試験会場の下見に向かいました。最寄り駅からどれくらい時間がかかるのかを計測し、翌日のイメージトレーニングを行いました。ホテルに戻った後は今まで解いてきた問題集の最終確認をするにとどめ、新しい問題を解くことはしませんでした（ちなみに前日に確認した問題が出ました、自分でも驚きの豪運です）。

　不安で仕方がなかった私は、家族や SNS でエールをもらうことで自分の神経を落ち着けていました。そして「睡眠こそ最大の学習である」ことから、翌日の準備を早めに全て済まし、22 時頃には就寝しました。

【筆記試験】

Q20.　筆記試験の雰囲気（周囲の年齢層や男女比など）はどうでしたか？

　大阪大学の受験者は 130 名程度で、空席は 1 割くらいでした。受験生は大半が 20 〜 30 代であり、40 代以上に見える人は数人でした。特徴的な点として、男性が非常に多かったです（6 年半前の東大受験もこんな感じだったな、と共通点を感じた記憶があります）。

　会場の雰囲気は、「非常にピリピリしていた」というのが率直な感想です。2020 年は新型コロナウイルス感染症の影響で、多くの大学の医学部編入試験の日程が延期になっていたため、全員にとって大阪大学は初戦で、皆緊張した様子でした。

　ちなみに 2020 年は物理が難しい年であったため、1 教科目の物理が終わった午前 10:00 頃の会場の雰囲気は文字通り「お通夜」でした（私も例に漏れません）。

Q21.　筆記試験での成功点、失敗点は？

　成功点は、試験開始直後に全体を見渡して時間配分を事前に決めたことです。試験問題は基本的に難しいので、解ける問題とそうでない問題を選別することが必要です。特に大阪大学の試験の場合、生命科学以外の 3 科目は時間が足りませんので、「時間配分を決める」というプロセスの有無は最終的な得点率を大きく左右するように思います。

　失敗点としては、難易度の高い物理の試験で心を乱しすぎたことです（Q23. に示すような方法で、なんとか私は持ち直しました）。

Q22.　筆記試験の出来は、各科目何割くらいでしたか？

　大阪大学の試験の感触としては物理 3 割（30/100）、化学 4 割

（40/100）、英語 6 割（60/100）、生命科学 7 割（110/150）といった感じでした。これを合計すると 240 点となります。1 次試験の通過には 260 点前後が必要と言われていますので、「これは落ちたかも…」と落胆した気分でした。

　しかし、合格後の成績開示では物理 5 割（49/100）、化学 5 割（57/100）、英語 7 割（72/100）、生命科学 8 割（124/150）だったので、私の自己採点が厳しいだけだったかもしれません。ただ、物理はそもそも 5 割も埋められなかったので、得点が分散するように配点が調整されたのでは…？　と思っています。

Q23. 筆記試験に関して、受験生にアドバイスをお願いします。

　筆記試験は平等です。だからこそ、精神を上手にコントロールして、自分の実力を試験にぶつけやすくする環境を整備することが最も重要と考えます。試験中に不安が襲ってきたときには、私は「自分が解けない問題は、他の受験生も解けない」と自己暗示をかけていました。他人と比較して不安になっても仕方がありません。試験中に心が穏やかでなくなった時には、ぜひこのフレーズを使ってみてください。

【志望理由書と面接】
Q24. 志望理由書の作成についてアドバイスをお願いします。

　私が志望理由書に組み込むように注意したのは以下の 3 点です。
①自分の実現したいことと、それを考えるに至る背景や経験
　※背景や経験と論理的に繋がるように記載することが重要です。
②「①」の実現の手段が医師である必然性
　※特にコメディカル出身の方は面接でも問われます。
③その大学を志望する理由
　※ Q25. で後述する方法で大学について調べた上で作成しましょう。
　志望動機を作成する上でのポイントとしては 2 点です。
　　1 点目、曖昧なことを書くのは控えましょう。「貴大学は研究が盛

んで」「貴大学の地域医療に関心が」などと適当なことを書くと、面接で厳しく突っ込まれます。

　2 点目、文章は必ず第三者に添削してもらいましょう。自分では完璧だと思っている志望理由書も、他の方から見たら曖昧であったり、誤解を招いたりすることは珍しくありません。可能であれば、医学部編入に成功した先輩、現役の医師、大学の教授など、志望理由書を読む「医学部の教授」に目線が近い人に添削してもらい、不十分な点や質問されそうな点を明確化することが重要です。

Q25、各大学の特徴をどのように調べましたか？

　大学の特徴を捉える上で最も重要なのは、「大学の HP」と「アドミッションポリシー」の 2 つだと考えます。

　大学の HP は情報の宝庫です。医学部の各研究室が進めている研究内容、大学が力を入れているカリキュラム、地域課題の解決や国際交流などのプログラムが掲載されています。これらを利用しない手はありませんね。

　また、募集要項に記載されているアドミッションポリシーは「こういった学生を求める」という指針ですから、志望動機の作成、面接試験の回答作成の基準となります。志望動機や・面接試験の評価はこれらに沿って行われるはずですので、内容をしっかりと把握し、アドミッションポリシーに則った自己アピールができるように準備を行うことが重要です。

　上記以外の方法としては、「合格者に直接聞く」という方法があります。大阪大学の場合、「頒布会」と呼ばれる組織が、毎年の学士編入試験の動向のまとめ・受験生へのアドバイスを公開しています。有益な情報として活用していました。

Q26、面接対策として、どのような準備をしましたか？

　面接試験は準備の質が如実に結果に反映されます。私は、面接で聞か

れるかもしれない質問に対し、可能な限り網羅的に回答を用意するという戦略をとりました。具体的には、先述の「頒布会」等を参考に、大阪大学の2次試験で今まで聞かれたことのある質問を全てリストアップしました。

例）・いつ、医師を目指すことを考えたのか？
　　・医学部に編入しようと思った理由
　　・（薬剤師なので）薬剤師として医療に貢献すべきではないのか？
　　・学生時代の研究内容について具体的に教えてほしい
　　・一般入試の学生よりも年上なあなたに入学してもらうメリットは？

　実際にリストアップしてみるとおよそ100個に及び、全ての問いに対し自分なりの回答を作成しました。この回答リストはプリントアウトして試験に持って行き、試験会場に行くまでの電車でも食い入るように読んでいました。

　その後は、ひたすら練習を繰り返しました。私は友人に協力してもらった他、医学部学士編入に成功された方に面接練習に付き合っていただきました。「一文が長い」、「回答の核が曖昧」など多くの指摘をいただき、面接本番で自信を持って言葉を発する基礎を作ることができたように思います。

　以上の準備は大阪大学の1次試験が終わってから、2次試験までの間に行いました。正直なところ、小論文の試験と面接試験の準備を並行して行うのはかなり辛かったです。先述の「質問のリストアップ」はすぐにできますので、早い時期から少しずつ回答を作り始めることを強くお勧めします。

Q27、なぜ〇〇大学なのですか？　という問いにはどのように答えればいいですか？

　この内容はどの大学においても聞かれる可能性があるため、絶対に回答を準備しておくべきです（とはいえ私は一度も聞かれませんでしたが）。

　この問いに答える最も有効な方法は、大学の特徴を挙げ、その特徴が自分の目標の実現のために必須（好都合）である、と回答することです。

　「大阪大学は免疫学の研究で世界をリードする存在です。免疫学的な作用機序を持つ XX という疾患の治療に興味があるため、ぜひ貴学で学びたい。」

といったイメージです。このような回答であれば基本的には志望動機書等との矛盾も起こさずに、説得力を得ることができます。逆に言えば、志望動機を作る段階から、この問いに対する回答作成が始まっているとも言えますね。

Q28. 面接でよく聞かれた質問は何ですか？　どう答えましたか？　面接官の反応はどうでしたか？

　私は大阪大学以外の大学を受験していませんので多様性に欠けますが、「卒後はどういう進路を歩みたい？」という問いが印象的でした。私は「現状で関心のある進路は 3 つあり、完全に絞りきれていないのですが…」と本音で切り出したところ、「現状で定まっていないのは全く構いません。ぜひ教えてください」と言われました。1 つの志が定まっていることよりも、各進路候補にたどり着くための現実的、論理的なビジョンを描けていることを求めていそうだ、という印象を受けました。

Q29. 実際の面接での成功談、失敗談について教えてください。

　成功談としては、面接中は厳しく突っ込まれても毅然とした態度を取ったことです。大阪大学の面接試験では、論理的でない部分を強く追求される、という前評判を聞いていました。これは、「質問に対して正確に、自信を持って応答することが求められる」という意味に捉えましたが、実践して正解でした。仮に応答が論理的でも、自信なさげに話すとなんだか非論理的に見えてしまいますから。

　小さな失敗談ですが、私は東京から受験しており、スーツケースを試験会場に持ち込んでいました。当然のことながら試験会場では荷物を預

けることができず、面接室にも大きなスーツケースを持って入ることとなりました。面接室に入って面接官が一言、「荷物多いですね」。自分には笑う余裕はなく、顔が引きつっていたと思います。このような不測の事態を防ぎ、余計な懸念事項を増やさないためにも、面接試験の持ち物には気をつけましょう（笑）。

Q30. 面接に関して、受験生にアドバイスをお願いします。

　基本的ですが、「相手の目を見て」「相手の質問に忠実に」回答することが重要と考えます。

　「メラビアンの法則」によると、人が会話から受け取る印象のうち、50％以上が視覚情報によるものだと言われています。面接試験の時間は限られていますから、目を見ないことによるマイナスの印象を覆すのはなかなか難しいように思います。相手から目を逸らしてしまう癖がある方は、ぜひ面接の練習の時に相手に注目してもらいましょう。

　また、相手が聞きたいことは何か？　を率直に考えましょう。「志望理由を教えてください」と聞かれた時に、自分の生い立ちをゼロから長々と話し始めるようでは、「この人はコミュニケーションが難しいな」と思われても仕方がありません。まずは端的に回答し、詳細な理由を聞かれたら自分のバックグラウンド等を話す、くらいの重み付けでいいように思います。

　そして、最も大事なことは、「自分こそがこの医学部に入るべき人材だ」という自信を忘れずに、堂々と応答することです。大丈夫です。あなたは筆記試験を突破した、「選ばれた人」なのですから。

【合格】

Q31. 合格した時はどんな状況で、どんな気分になりましたか？

　大阪大学の2次試験を受けてから2週間、面接試験の手応えがそれほどなかったのもあり、本当に落ち着きませんでした。冗談抜きに、物理の問題が解けない夢を毎晩のように見ていました。合格発表の直前は

「早くこの緊張から解放されたい」という思いでした。

　合格発表は忘れもしない、2020 年 8 月 7 日午前 10 時です。この日は午後からの仕事の準備をしながら合格発表を待っていました。大学のホームページに「第 2 次選抜合格者発表」のリンクが表示され、そこに自分の番号があるのを見た時には、「信じられない」という気持ちで、ベッドの上で飛び跳ねていた記憶があります。

　応援してくれた家族・友人・職場・大学の指導教員に連絡するうちに、現実感が湧いてきました。同時に、自分の目標設定・計画・実行のプロセスは間違っていなかったのだと自信がつきました。この感覚を味わったのは東京大学に合格した時以来で、「よくやった自分」、「応援してくれた方、ありがとう」と口にし続けていました。

Q32. もう一度受験するとしたら、どんな点を改善しますか？

　「出願準備を早く始める」、「課金して効率化を図る」の 2 点です。

　今まで書いてきた通り、2020 年の 2 月に薬剤師国家試験、3 月は TOEFL の勉強と受験、4 月以降に生命科学や物理化学のインプットを行い、5 月から出願スタート、6 月は必死に勉強して、7 月に大阪大学の試験本番を迎える、という酷いスケジュールでした。4 月から薬剤師として働き始め、仕事を覚えながらの挑戦であったため、精神的にも全く余裕のない日々を過ごす羽目になりました。したがって、できることを前倒し前倒しで実施することができればよかったと考えています。いくつか具体例を挙げます。

▶出願

・最初に出願する予定の大学の募集要項が公表される 1 ヶ月前には、各種証明書（卒業証明書、成績証明書）を多めに取り寄せる。

・志望動機書は書き始め〜完成まで 1 ヶ月間と考え、募集要項の発表直後には草稿が完成する状態にする。

・募集要項発表直後に、推薦書の草稿を作成し、推薦者に推敲を依頼する。

・出願開始 1 週間前までに、封筒と切手を多めに用意しておく。

▶勉強

・出願年度の前年 12 月（2022 年実施の試験を受験する場合は、2021 年の 12 月）までには、TOEIC、TOEFL の目標スコアを取得できるよう計画を立てる。

・勉強は、試験 1 ヶ月前に全範囲が終了するような計画を立てる。

・「面接で過去に聞かれたことのある質問」は面接練習のみならず志望動機の作成にも有用。全てリストアップし、出願直後から練習できるように準備する。

　また、Q13. でも書きましたが、もう少し受験に費用をかけて効率化します。お金で買える時間短縮（予備校の利用、SNS 上での有料相談など）を可能な限り利用し、浮いた時間を勉強や休息に用います。医学部編入試験の対策は、お金を注ぎ込むことでショートカットできる要素が多いと感じます。合格さえすれば、学習費用を支えてくれる奨学金制度等の仕組みは多く存在していますので、今できることに全力で取り組むことを強くお勧めします。「自分自身」ほどリターンの大きい投資先はありません（って偉い人が言っていました…笑）。

Q33. 最後に受験生にメッセージをお願いします。

　『天は自ら助くる者を助く』。これは私の受験時の標語です。「人に依存せず、自分で努力するものには、天が助けて幸福を与えるものだ」という意味の、ラテン語の古い諺です。

　「人に依存しない」とは、情報を収集した上で、最終的に自分で決断することだと考えます。どの大学を受験するか、何をどれくらい勉強するか、推薦書に何を書くか、ホテルはどうするか、試験本番で頭が真っ白になったらどうするか…。学士編入試験には無数の決断があります。決断には多くの不安を伴いますが、医師になりたいという執念さえあれば、土壇場でも踏ん張れるはずです。

　あなたはこの本をどんな気持ちで手に取りましたか？なぜ医師になり
たいのですか？一度言葉にしてみてください。口に出してみてください。
言葉にできることは、あなたが実現できることです。あなたの挑戦を心
から応援しています。頑張ってください!!

◆合格者⑩．山本剛士

【プロフィール】

　受験時年齢 29 ～ 30 歳、男性、歯科医師、歯科麻酔認定医。大学卒業後、大学病院の歯科麻酔科医に入局し、2 年間歯科麻酔科に従事する。その後、一般歯科医院に勤め 2020 年 4 月より本格的に受験勉強を開始。週 3 日の仕事をしながら、受験勉強を行い 2020 年 10 月に鹿児島大学に合格。

【受験全体像】

Q1. 医学部学士編入の受験を決意したきっかけは何ですか？

　高校時代、私は人を治療するということに関心があり、医学部志望でした。しかし、成績の関係から医学部は諦め、人を治すという点で共通している歯学部に入学しました。病院実習で歯科麻酔科を見学した際に、静脈確保や挿管などの医学領域に非常に近いことを行っていることに魅力を感じ、大学卒業は歯科麻酔科に入局しました。

　後期研修では、上司である教授が医学部の麻酔科出身の医師であり、日常の麻酔業務はもちろん、歯科麻酔学会での発表など充実した日々を過ごすことができました。その中で心臓血管外科麻酔などを見学させていただく機会があり、歯科医師が貢献できない麻酔領域に関心を持つようになりました。この経験がきっかけで医師として口腔外科領域以外の麻酔にも貢献したいと思うようになり、医学部編入を決意しました。

Q2. いつから受験を始めて、合格までにどれくらいかかりましたか？

　2019 年 10 月に KALS に入塾し、生命科学は基礎・完成・実戦コース、英語は、完成・実戦コースを取りました。しかし、仕事が忙しく、2020 年 3 月までは講義を受講するのみで、本格的に勉強を始めたのは 2020 年 4 月からでした。4 月以降は、仕事を週 3 日にセーブし、残りの 4 日は 1 日 10 ～ 12 時間ほど勉強しました。本格的に勉強を開始し

た約半年後の 2020 年 10 月に鹿児島大学に最終合格しました。

Q3、どこの大学を受験しましたか？　受験校はどのように決め、結果はどうでしたか？

　1 年目は英語と生命科学を中心に勉強する予定だったので、2 科目のみを出題する大学（長崎大学、鹿児島大学、大分大学）を選びました。また、大学入試時に物理・化学を選択していたので、高校範囲の理系科目を出題する大学（山口大学）も受験しました。

　筆記通過校は、山口大学、鹿児島大学、大分大学です。山口大学は、面接試験を受けましたが不合格でした。大分大学の面接試験は、鹿児島大学に合格していたため辞退しました。

Q4、どのような受験戦略でしたか？

　受験期間は 2 年間と決めていました。したがって、1 年目はどの大学でも出題される生命科学と英語を中心に勉強し、2 年目は大学範囲の化学・物理・統計を勉強するという計画でした。TOEIC・TOEFL のスコアは持っていなかったので、1 年目の 11 月頃から対策をする予定でした。

Q5、医学部編入予備校の利用はどのようにしましたか？

　KALS に入塾し、生命科学（基礎・完成・実戦）と英語（完成・実戦）、小論文（完成・実戦）を受講しました。講義テキストは各大学の過去問をベースに作成されているので、編入試験ではどういう問題が出題されているのかを把握するのに大いに役立ちました。KALS の公開模試は全て受験し、自分の苦手な箇所を把握して日々の勉強に活用しました。また、KALS に入塾すると過去問の閲覧や自習室の利用ができるので、それらもフルに活用しました。

Q6、受験にかかる費用や生活費はどうしていましたか？

　KALS の授業料や対策講座は貯金から捻出しました。また、週 3 日で歯科医院に勤務していたため、生活費や受験費は給与所得で賄いました。

【勉強】

Q7、勉強開始前、生命科学、英語、化学、物理、統計学はどれくらいで
　　きましたか？

　2020年4月時点では、KALSの公開模試の生命科学と英語の偏差値
はいずれも40台でした（KALSでは、筆記試験通過の目安となる偏差
値を60としています）。高校範囲の物理・化学は大学受験の際に勉強
していたこともあり、基本問題であれば解ける程度でした。統計の知識
は全くありませんでした。

Q8、各科目をどのように勉強しましたか？　教科書・参考書は何を使用
　　しましたか？

・生命科学　使用教材：KALSの基礎・完成・実戦テキスト・要項集

　まず、KALSの基礎・完成・実戦の講義を十分に復習しました。具体
的には、講義テキストに記載されている問題をすべて自力で解けるよう
に復習し、3回連続で正解した問題に関しては、次の復習対象から除外
しました。講義テキストの復習を6月頃まで行い、それ以降は要項集
で記述問題の対策をしました。記述対策として意識したことは、①自身
で解答を作成し、②解答を確認する前に日本語として成立しているかの
確認をしたことです。

　①をきちんと行うことで、頭の中で思い浮かんだ解答を正確に表現で
きるようになりますし、自分の解答の文字数を把握する練習にもなりま
す（文章を書くのが億劫な人は、メモ帳アプリを使って書くと楽なので
おススメです）。

　記述問題のミスとして多いのが、内容の趣旨は正解しているのに、文
として成立していない解答を書いてしまうことです。例えば、主語がな
い解答、文章が長くなり主語と述語が対応していない解答です（このミ
スは、意外に多いです！）。このようなミスは、②のように自分の解答を
読み、愚直に自身の解答を見直す作業をすることで大きく改善できます。

・英語　使用教材：英単語ターゲット1900（旺文社）、KALS英単語帳、

基礎　英文問題精講（旺文社）、KALS 完成・実戦テキスト

　英語の勉強は、『英単語ターゲット 1900』で単語を覚えることから始めました。ある程度単語を覚えた後に、KALS から配布される医療英単語を覚えました。KALS の医療英単語帳には例文がなかったので、覚えたい単語を含んだ英文を暗記アプリに入力し、覚えるようにしていました。両英単語帳ともに 30 周ほど勉強しました。

　また、単語を覚えることと並行して、構文読解の練習をしました。テキストは、『基礎　英文問題精講』を使用しました。この問題集は、読解に必要な構文がほとんど網羅されているのでとてもおススメです。使い方としては、例文の文構造を理解し、例文を見た瞬間に文構造が把握できるまで読み込みました。このテキストも、最終的には 30 周程度勉強したと思います。

　単語と構文読解の知識がある程度付いた後は、KALS の英語のテキストに記載されている過去問を解きました。問題を解く中で、読みにくい英文をマーキングして何回も黙読し、スラスラ読めるようにしました。

・高校物理　使用教材：物理　入門問題精講（旺文社）

　大学入試で物理をある程度勉強していたので基礎問題を中心に勉強しました。『物理　入門問題精講』を使用しましたが、基本問題のみしか掲載されていないので、効率よく復習できたと思います。山口大学の試験の前までに 5 周ほどし、本番の試験では、大学範囲の物理以外、この問題集 1 冊でほぼ完答することができました。

・高校化学　使用教材：化学　基礎問題精講（旺文社）

　化学も、物理と同様に知識があったため、『化学　基礎問題精講』を使用しました（『入門問題精講』は、簡単に感じたためスキップしました）。この問題集は、山口大学の試験までに 3 周しました。

Q9. TOEFL、TOEIC はどうしましたか？

　Q4. に記載している受験計画だったので、受験期間内に TOEFL・TOEIC は受けませんでした。

Q10、上記科目以外に勉強したことはありますか？

　山口大学の対策に高校数学を勉強しました。山口大学では行列の分野が出題されるので、これが収録されている旧課程の『青チャートⅠA・ⅡB・ⅢC』を使用しました。出題範囲が広いので、場合の数、確率、図形と計量、数列、ベクトル、行列の基本例題を軽く１周する程度にしました。本番で出題された大学範囲の行列の問題は解けなかったものの、それ以外の問題は網羅できたと思います。

　また、小論文・面接対策として河合塾出版の『医学・医療概説』を読みました。医療問題や医療倫理がコンパクトにまとまっているので個人的にはおススメです。

Q11、勉強において、工夫した点は何ですか？

　勉強において工夫したのは、以下の２点になります。

▶①自分の学力を分析し、それに応じた勉強をした

　今回の受験勉強で最も工夫した点です。効率の良い勉強法とは、客観的に自身の学力を分析し、それに応じた対策をすることだと思います。

　例えば、私の場合、英語の勉強は単語を覚えることから始めました。しかし、ある程度単語を覚えても文が読めませんでした。自身の模試の英語の答案を分析すると、私に足りないのは文法力だということがわかりました。

　ここで重要なのは、私に必要だったのは TOEIC や TOEFL などで出題されるような文法ではなく、強調構文や関係代名詞の先行詞を見極める "読むための文法" だったということです。そこで、単語の次に構文読解の問題集を解き始めたところ、みるみる英語の成績が向上し、最終的には英語の KALS 模試で TOP10 に入ることができました。

　以上のように、自身の成績を客観的に分析し、素直に結果を受け入れ対策をすることを工夫しました。

▶②複数の教材に手を出さないようにした（同じ教材のみを周回）

　一般入試でも言えることだと思いますが、筆記試験ではみんなが取れ

る問題を落とさないようにすれば、及第点に到達すると思います。したがって、頻出問題が掲載され、かつ網羅性の高いテキストを何回も復習し、完璧にすることが一番効率的だと思いましたので使用教材を限定しました。

Q12. 息抜きや休憩は何をどれくらいやりましたか？

　勉強を始めて 2 〜 3 時間ごとに 15 分ほど休憩しました。休憩中は、自習室の周辺を散歩したり、大好きなドーナツを食べたりしました。

Q13. 振り返ってみて特に役に立ったこと、逆にやらなくてよかったこととは何ですか？

・役に立ったこと

▶受験計画の立案：1 年目は生命科学・英語の 2 科目を勉強し、1 年目の 12 月に TOEIC・TOEFL、2 年目に大学物理・化学を勉強するといった大まかな受験計画を立てたことです。受験開始時は、TOEIC・TOEFL、物理・化学対策をすれば、受験校が広がりメリットがたくさんあると思っていましたし、勉強を進めていく中で、「生命科学・英語以外の科目も勉強した方が良いのでは？」という葛藤に何度か駆られました。しかし、あらかじめ計画を立てていたので、1 年目は 2 科目を中心に勉強するという方針を貫くことができたと思います。

▶受験環境の整備：KALS 校舎近辺に住んだ方が自習室の利用や過去問の閲覧などメリットが多いと判断したので、勤めていた職場を退職し、KALS に自転車で通えるところに引っ越しました。結果として、勉強がかなりはかどったので良かったと思います。

・やらなくてよかったこと

　土曜・日曜の KALS の自習室は、17 時 30 分までしか使用できず、閉館以降も勉強するため朝 6 時から 23 時まで使用できるレンタル自習室を借りました。しかし、7 月から山口大学を皮切りに受験が始まり、土・日が受験で潰れてしまったため、あまり使用しませんでした。

Q14. 勉強に関して、受験生にアドバイスをお願いします。

　学士編入試験は一般入試と異なり、受験開始時の受験生の学力にバラツキが大きいです。自分に何の知識が足りていないのかを分析し、それをしっかりと補う勉強をすれば、筆記試験は通過できると思います。頑張ってください。

【出願】

Q15. 出願において、苦労したことや、失敗したことは何ですか？

　手書きで記入しなければいけない箇所を何回か間違えてしまい、その都度新しい願書を取り寄せていました。また、複数校に出願したので、出願用の写真や成績証明書などが途中で足りなくなってしまいました。

Q16. 推薦書が必要な大学が多いですが、どのように対処しましたか？

　受験勉強を開始した時点で恩師の先生にお願いし、推薦文を考えていただきました。恩師の先生から推薦書を送っていただく際は、お礼のお手紙、推薦書用の封筒や返信用の封筒をレターパックに同封したものを送りました。また、私の場合、医局の教授ではなく研修医時代に大変お世話になった准教授の先生に推薦書を書いていただきました。

Q17. 出願に関して、受験生にアドバイスをお願いします。

　願書を取り寄せる時は、間違えた時のために２部取り寄せるようにしましょう。写真や成績証明書なども多めに準備するといいと思います。また、受験料の入金や志望動機書の作成など、意外に時間がかかるので余裕をもって取り組みましょう。

【宿泊と交通手配】

Q18. 宿泊と交通手配について、注意点や失敗体験はありますか？

　山口大学を受験した際、大雨に遭遇しずぶぬれになってしまいました。家を出発する際に受験先の天気を調べておいた方が良いと思います。ま

た、受験予定の大学の日程が分かり次第、交通の手配や宿の予約をした方が良いです。試験前日は受験生が集中するので、飛行機の予約が埋まっている場合、ホテルの空室がない場合があるからです。

Q19. 受験前日はどのように過ごしましたか？

　筆記試験の前日は、苦手分野だけを負担にならない程度に復習するのみに留めました。面接試験の前日は、質問事項や事前に調べていたその地域の医療問題を再度確認しました。また、夜更かしはせず、22 時には就寝するように心がけました。

【筆記試験】

Q20. 筆記試験の雰囲気（周囲の年齢層や男女比 など）はどうでしたか？

・山口大学：20 代〜 30 代が多く、40 代、50 代と思われる方も何人かいました。男女比は、均等であったと思います。受験番号ごとに入室時間が決まっており、入室する際は検温が行われました。

・長崎大学：20 代、30 代が多く、40 代、50 代と思われる人も何人かいました。やや男性が多い印象でした。長崎大学では、試験日の 2 週間前から体温や体調を記入する用紙が受験票と一緒に配布され、受験会場の入り口でその用紙の提出を求められました。

・鹿児島大学：20 代、30 代が大半でした。男性が多い印象でした。試験会場では、エレベーターが使用できず階段のみの移動でした。荷物が多いと移動が大変なので、余分な荷物はホテルに預けることをお勧めします。

・大分大学：20 代、30 代が大半でした。女性が多い印象でした。試験日程が延期になったためか、欠席者がかなり多い印象でした。

Q21. 筆記試験での成功点、失敗点は？

・成功点

　2 点あります。1 点目は、解ける問題と解けない問題を選別し、解け

る問題のみ集中して取り組んだ点です。鹿児島大学の生命科学の問題では、大学範囲の物理・化学が出題されました。これらは未対策だったので一切手を付けず、確実に点を取れそうな生命科学の問題のみ解くようにしました。

　２点目は、問題の難易度によって事前の戦略を柔軟に変えたことです。例えば、鹿児島大学の英語の問題では、解答に該当する箇所が文章全体に散らばっており、文章全体をある程度把握してから精度の高い解答を作成するという戦略で挑むつもりでした。しかし、当日で出された英語の試験は、過去問に比べ英文の量・記述量がかなり多く、精度の高い解答を書くということは時間的に不可能でした。そのため、本番では精度の高い解答を書くことを諦め、解答の核となる箇所のみ解答に書くという戦略に切り替えました。

・失敗点

　試験内容を間違えて把握していたことです。私の場合、開始される試験が英語であるにも関わらず、生命科学の試験だと思い込み試験開始前に生命科学の勉強をしていました。試験が始まり問題を見た瞬間にかなり混乱し、１分ほど無駄になりました。

Q22. 筆記試験の出来は、各科目何割くらいでしたか？

・山口大学：理数科目　６割〜７割　英語　６割（筆記試験：合格）

　感想：理系科目は例年通りで、ほとんどが高校範囲から出題されていました。英語は、問題文の文章自体は簡単でしたが、記述量が多い印象でした。

・長崎大学：生命科学　３割〜４割　英語　４割〜５割（筆記試験：不合格）

　感想：生命科学は、問題数がかなり多く難しかったです。英語は、語注がなく語彙力がなければ難しい試験でした。

・鹿児島大学：生命科学　６割　英語　５割〜６割（筆記試験：合格）

　感想：生命科学は、簡単でしたが大学範囲の物理・化学が出題されていました。英語は、例年に比べて問題数・記述量が多く時間が全く足り

ませんでした。

・大分大学：生命科学　6 割　英語　7 割〜8 割（筆記試験：合格）

　感想：生命科学は、標準的な問題が多く例年通りでした。英語は、比較的読みやすい文章で簡単でした。

Q23. 筆記試験に関して、受験生にアドバイスをお願いします。

　学士編入の筆記試験は、今までの出題傾向が変わるということがよくあります。しかし、そこに圧倒されず、冷静になって解答できる問題を確実におさえていけば、筆記試験を通過できると思います。

【志望理由書と面接】

Q24. 志望理由書の作成についてアドバイスをお願いします。

　志望動機の作成のコツとしては、①医師になる理由、②自身の専門的知識を医学領域にどう活かすのか、③なぜその大学を志望したのか、の3 点をロジカルに記載することが必要だと思います。また、医療従事者の方であれば、①の部分で「なぜ今の職業ではダメで、医師でなければいけないのか」もしっかりと書かないといけません。ここの詰めが甘いと必ず面接試験で突っ込まれます。

▶①に関して

　医師になる理由は、具体的なエピソードを交えて説明し、可能であれば将来志望する診療科も記載すればより良いです（志望診療科の明言に関しては、視野が狭いのではないのかという印象を読み手側に与えてしまうという声があります。しかし、診療科を明示した方が①〜③の内容が具体的に書けるので、私は志望診療科があれば書くことをお勧めします）。

　志望理由を考えるコツとしては、自身の経歴の中で見つけた医療問題を解決するために医師を目指す、といった流れで記載することです。

　私の場合、歯科医師業務の中で感じた、「訪問診療における医科歯科連携が円滑に進んでいないこと」を医療問題として挙げました。医科歯科連携を行うためには、歯科の知識と全身管理に関する医科の知識の両

面が不可欠です。そこで、将来は麻酔科に進み全身管理のプロフェッショナルとなり、歯科医師としての経験と知識を活かして医科歯科連携の橋渡し役になりたいという趣旨の内容にしました。

▶②に関して

①と同様に経歴をベースに考える必要があります。大学で学んだ専門的知識や大学卒業後に学んだ知識を志望診療科でどう活かすのかを書くと良いでしょう。

私の場合、歯科の専門的知識が医科歯科連携を円滑に進めるために活かすことができる、という内容にしました。また、歯科医師としての経験を活かし、入院患者様の口腔内や嚥下状態を評価し、衛生士や言語聴覚士と連携して誤嚥性肺炎予防や摂食嚥下の改善ができる、という趣旨の内容も記載しました。

▶③に関して

志望大学の特有のカリキュラムが、自分が目指す医師の将来像に必要であればそのことを記載しましょう。もしくは、地域の医療問題について調べ、将来はその医療問題に取り組みたいという趣旨の内容にするのも良いと思います。また、志望大学の地域に血縁関係があれば、そのことを記載することも良いと思います。

▶書き方の手順

書き方の手順としては、まず志望動機の上記の①、②の部分（以下、ベースの部分と書く）を書くことです。ここがしっかりできると、各大学への志望動機書はその地域の医療問題などを盛り込むだけで完成するので負担が大きく減ります。また、肉付けの完了した文章からベースの部分を修正しようとすると全て書き直しになるので、労力の節約という面でもベースの部分をまず固めるのが良いです。

ベースの部分が完成したら、同じ業種の合格者に読んでもらうことがとても大切だと思います。というのも、同業種の合格者にしかできないアドバイスがあるからです。私の場合、歯科医師の合格者の方に志望動

機のアドバイスをいただく機会がありました。その方が志望動機を作成
した際の注意点や面接での反省点など、歯科医師が志望動機を作成する
ための留意点を具体的に聞くことができ、自分の志望動機書に大きく反
映することができました。

　また、KALS 生であれば、講師の先生に志望動機のアドバイスをいた
だくというのも有効だと思います。KALS の先生は、多くの合格者の志
望動機を読んでいらっしゃるので、的確なアドバイスをいただくことが
できます。

　ある程度ベースの部分が完成し、文章の肉付けができたら、自分の業
種以外の人にも読んでもらいましょう。そして、自分の志望動機が専門
分野外の医師にきちんと伝わるのかを添削してもらいましょう。

Q25、各大学の特徴をどのように調べましたか？

　大学のホームページを利用し、各大学のカリキュラムの特徴を調べま
した。私の場合、志望診療科が麻酔科と決まっていたので、麻酔科のホー
ムページから力を入れている研究などを調べました。また、大学によっ
ては大学の特徴が YouTube でアップされていることもあるので、その
動画を参考にしました。

Q26、面接対策として、どのような準備をしましたか？

　面接では、" なぜ医師を目指すのか？ "" なぜその大学を志望したの
か？ " がほぼ確実に聞かれるので、志望動機書に記載した内容に矛盾の
ないように答える準備をしました。大学によっては、その地域の医療問
題を聞かれることがあるので、県や厚生労働省が提示しているその県独
自の医療問題を数値ベースで頭に入れ、質問されても答えられるように
しました。

　また、1 つの問いに対し答える量を、各大学の面接時間から考えて調
節しました。例えば、山口大学では面接時間が 7 分と短いため、答え
る内容が 30 秒以内に収まるように調節しました。一方で、鹿児島大学

では面接時間が 20 分と長いので、答える内容を 1 分〜 2 分程度に調節しました。想定質問事項と回答をリスト化し、何度も暗唱しました。

Q27、なぜ〇〇大学なのですか？　という問いにはどのように答えればいいですか？

志望する大学の県に血縁関係があれば、血縁関係のことを答えればよいと思います。血縁関係がない場合は、大学独自のカリキュラムを調べ、そのカリキュラムと自分が目指す医師像をリンクさせて答えるのが良いと思います。私の場合、将来は医科歯科連携に貢献したいと考えていましたので、鹿児島大学が力を入れている多職種連携の教育カリキュラムが将来の医師像にマッチしていることを答える予定でした。

Q28、面接でよく聞かれた質問は何ですか？　どう答えましたか？　面接官の反応はどうでしたか？

①医師を志望する理由を教えてください。

②将来は、地元に帰って地域に貢献しないのか。

③編入生として一般学生にどんな影響を与えることができますか。

以上がよく聞かれた質問です。私は、山口大学と鹿児島大学の 2 校しか面接試験を経験していませんが、両校ともに『なぜうちの大学を志望したのか』を聞かれませんでした。通常であれば、必ず質問されるので、なぜその大学を志望したのかは考えた方が良いです。

▶①に関して

まず、理由が 2 点あることを挙げ、1 つ目は歯科麻酔科の経験、2 つ目は訪問歯科診療の経験を具体例とともに説明しました。面接官は、終始頷かれ追加の質問がなく納得された様子でした。

▶②に関して

"将来、私の医科歯科連携の取り組みが地元で取り入れられれば、それは地元の医療に間接的に貢献したことになるので、地元に戻ることは考えていません。" といった感じに答えました。面接官は、大学卒業後

その地域に残ってくれるのかということをすごく気にされている様子でした。

▶③に関して

"社会経験を活かし、学年全体を引っ張るリーダーのような存在としてかかわりたいと思っています。また一般生に私の歯科治療の経験を伝えることで、他の医療領域に広い視野を持つ医師を育成するきっかけを与えていきたいと思います。"と答えました。編入生の大半は社会経験があり、大学で学んで専門分野もあるので、これらの経験を活かして一般生にどのように影響を与えるのかを述べるのが良いと思います。

Q29. 実際の面接での成功談、失敗談について教えてください。

・失敗談

山口大学では、マスクを着けて面接をしました。そのため、声が通らず声が小さいと面接官から指摘を受けました。また、事前に提出した麻酔系の研究内容に関して深く聞かれ、返答できなくなるといったことがありました。

・成功談

山口大学での面接の反省を活かして、鹿児島大学の面接では笑顔で自信を持って大きな声で話すことができました。鹿児島大学の面接は、圧迫気味でしたが過去の合格者で同じように圧迫面接を受けて合格している人がいたので、面接中は余裕を持つことができました。

Q30. 面接に関して、受験生にアドバイスをお願いします。

筆記試験で不合格になるよりも、面接試験で不合格になる方が精神的に辛いと思います。しかし、合格者の方がよく仰っていたのは、面接試験まで進めば、最終合格まであと一歩だということです。面接試験で不合格になっても決して諦めず、なぜ不合格になったのかを徹底的に分析し、次の面接試験に活かすようにしましょう。そうすれば、道は開けると思います。

【合格】

Q31. 合格した時はどんな状況で、どんな気分になりましたか？

　往診先の施設の休憩所で合格を知りました。確実に落ちたと思っていたので信じられず、受験番号が合っているのかを近くにいた衛生士さんに確認していただきました(笑)。努力が報われてうれしい気持ちでいっぱいでした。

Q32. もう一度受験するとしたら、どんな点を改善しますか？

　志望動機書を書くのにかなり時間がかかるので、早めに取り組むと思います。また、志望動機書と合わせて面接試験を想定し、質問事項の回答も併せて作成すると思います。日常の勉強に関しては、平均で10～12時間ほど勉強していたこともあり、大分大学の筆記試験を受験する10月には、燃え尽き症候群のような状態になりました。個人差はあると思いますが、長時間の勉強は後々にモチベーションを維持できなくなる可能があるので、適度に勉強時間をコントロールすると思います。

Q33. 最後に受験生にメッセージをお願いします。

　医学部編入試験は、決して簡単ではないと思います。しかし、どんなに難解なことでもゴールへのステップを細分化し、"正しい方法で""正しい量"の努力をコツコツと行い、モチベーションを維持できれば、合格できると思います。私の合格体験記の中で皆様の役に立ちそうな情報があれば幸いです。

2-2. 合格者の共通点分析

　ここでは、前節の合格体験記をもとに、それぞれ経歴の異なる著者10人が合格を目指すために行った勉強法や取った行動、および習慣に見られる共通点を挙げていきます。編入受験生の集団には多種多様な経歴や経験を持つ人々が存在し、その合格に至る道のりも様々です。多くの受験生は合格者から情報を集め、自身に適した勉強法を考えていくことになりますが、情報を集めることだけでなく、その多様な情報を整理することにも苦労するのではないでしょうか。

　そこで、前節において詳細に展開された合格者個々の情報を受け、本節では共著者から寄せられた「合格に寄与したこと」で特に共通して見られた7つの事柄について見ていきたいと思います。

1. 学習環境を整える

　環境を整えることで、日々の学習に臨むうえでの様々な障害を取り除くことができ、質の高い学習をすることができます。前節で挙がっていた具体例を以下にまとめます。

例①：スマートフォンの管理

・勉強中は電源を切る

・不要なアプリ（SNS含む）の削除

　スマートフォンは勉強にも息抜きにも有効活用できる非常に便利なものである一方で、ついつい触ってしまうという方もいらっしゃるのではないでしょうか。電源を切るというのは今すぐにでも実行できる簡単な方法であり、かつ再起動も面倒で自然とスマートフォンと距離を置けるのでコストパフォーマンスが良い方法だといえます。

　受験期間におけるSNSとの最適な距離感は人によって異なるとは思いますが、少しでも勉強にマイナスの影響を及ぼしている（あるいは及ぼしそうだ）と感じたら思い切って退会するのも選択肢のひとつです。

例②：移住

予備校に通いやすいように近くに引っ越した合格者もいます。通学時間を節約できる、通学のために混雑した電車に乗るストレスを除去できる、自習室や過去問といった予備校の提供するサービスを利用しやすくなるといったメリットがあります。

例③：カフェや予備校の自習室を利用する

自分が最も集中できる場所で勉強することで学習効率も大きく向上します。自宅では集中できないという方は図書館や有料自習室の利用も検討し、ぜひ最適な学習環境を見つけてみてください。

例④：家具の工夫

自宅で勉強する場合、学習環境を整える＝自宅を学習に適したスペースにするということになりますが、特に机や椅子、照明の良し悪しが自分の集中力に与える影響は無視できません。長時間勉強しても疲れにくい学習環境づくりへの投資は決して無駄にはならないはずです。

2. 早期の受験校選定＆学習計画の策定と実行

医学部学士編入試験では大学によって入学試験の特徴に大きな違いがあります（2科目型 or 4科目型、書類審査の有無、推薦書の要否など）。そのため、自分の適性を冷静に見極めて早期に受験校を決め、受験までにやるべきことを把握することが重要になります。

受験校がほぼ決まり、やるべきことが把握できたら学習計画を立てて実行していきます。策定した計画は定期的に見直して問題点があれば早めに軌道修正をしていきましょう。軌道修正の指標やタイミングについてですが、例えば以下のようなものが挙げられます。

・毎日の To Do リストを作成し、週の終わりに実行状況の確認を行う。このとき1週間に1日は計画の遅れを取り戻すための予備日として設定しておく。

・予備校に通っている方は、毎週の確認テストや、定期的に行われる実力テスト、公開模試などの成績を分析する。

　学習計画の実行に際しては「やるべきこと」と「やったこと」、両者を記録して見える化することが必須ですが、毎日の記録の見える化は計画の練り直しに役立つのみならず、入試直前の自信材料にもなります。学習時間や内容を記録できるアプリもあるので、必要に応じて使いながらコツコツ続けてみてください。地道な作業ですが得られる効果は大きいです。

3. 得意科目で勝負する

　学士編入試験に限ったことではありませんが、苦手を克服するのと同等に、自身の強みをきちんと把握して武器にしていくことも大切です。

　2. の学習計画策定とも関連しますが、医学部学士編入試験の受験戦略を考えるうえでの悩みとして特に多いのが「2科目型と4科目型どちらでいくか」や、「物理や化学の勉強は高校範囲までにするか大学教養レベルまで行うか」ではないでしょうか。

　確かに、学習する科目・範囲を拡大すれば受験校の幅は広がりますが、その分必要な学習時間は増えて負担が大きくなります。学習範囲をむやみに広げるのではなく、「受験で周りと勝負できる（あるいは優位に立てる）レベルまで仕上げられるか」を意識して学習範囲や力の入れ具合を決めていきましょう。物理や化学が得意な方であればもちろんそれは大きなアドバンテージになり得ますし、他の科目の強みの方が顕著であれば無理に手をつけないというのも戦略です。

　前節では 10 人それぞれの受験戦略がその根拠とともに紹介されています（各体験記のＱ４.参照）。物理や化学のアドバンテージを活かした人、生命科学系のバックグラウンドを武器にした人、英語力の高さを利用した人……と様々ですので、ぜひ参考にされてください。

4. 同じ問題集を繰り返し使う

仕事を続けながら、あるいは大学に通いながらなるべく短期間の勉強で合格しようと思った場合、多くの問題集を仕上げる時間はなかなか取れません。網羅性の高いテキストを繰り返し解き、いかに周りの受験生が解ける問題を取りこぼさないかが重要になりそうです。

　ここで注意すべきは、「ただ問題集をやみくもに繰り返せばいいというものではない」ということです。目的は自分の知識の穴をつぶすことなので、確実に解ける問題を何度も解く必要はありませんし、時間がもったいないですよね。「テキスト・問題集を○周したから大丈夫」というわけではないので、繰り返すことそれ自体が目的化しないようにしてください。

5. 隙間時間の有効活用

　生命科学で覚えたいことや英単語などの暗記を隙間時間（移動中、休み時間、食事中、入浴中）に行うことで、時間を無駄なく使うように心掛けていた人が多かったです。なお、暗記にはタブレット端末を用いると持ち物がかさばらず、また場所を選ばないため便利なようです。タブレット端末での学習に抵抗のない方はぜひお試しください。

6.TOEIC、TOEFL のスコアの早めの準備

　出願要件に TOEIC や TOEFL のスコアレポートの提出が含まれる大学を受験しようと思う方は、早めの対策、受験を強くお勧めします。なお、医学部学士編入試験ではスコアレポートを要するほぼ全ての大学で、スコアの有効期限が「出願前 2 年以内」となっています。

　※その他詳細な条件がある場合もございますので、必ず各大学の募集要項をご確認ください。

理由①：スコアレポートの取り寄せには時間がかかる。

　TOEIC は Official Score Certificate（公式認定証）が届くまでの期間の目安として「試験日から 30 日以内」、TOEFL は「4 ～ 6 週間」となっています。

理由②：予定通りに受験できるとは限らない。

　新型コロナウイルス感染拡大の影響で TOEIC、TOEFL ともにテストの実施が中止されていた期間もありました。2021 年 2 月末現在、TOEIC は抽選方式（午前と午後の 2 回実施）、TOEFL は会場受験と自宅受験を選択できるようになっていますが、今後の感染状況によっては変更が生じる可能性もあります。「もう少し勉強してから受けよう」などと思って受験を先延ばしにしていて結局受けられなかった、ということのないようにご注意ください。

理由③：スコアの準備（勉強）のために手間や時間、費用がかかる。

　主に TOEFL iBT に関して当てはまることです。

　TOEFL iBT は試験時間が約 3 時間と長めであり、英語をストレスなく流暢に使える方を除いて、3 時間頭をフル回転させて英語を読み、聴き、話し、書くというのは負担の大きい作業です。受験料も US ＄245（2021 年 2 月～）と決して安価なものではありません。

　これらの特徴から、TOEFL iBT は短期間に何度も気軽に受験するような試験とは言えない一方で、その独特なテスト形式も影響して初回で満足のいくスコアを取ることは難しいです。1 回の試験準備にかかる対策時間や、複数回受ける場合のスケジュール、費用等を大まかでいいので事前にシミュレーションしておくと良いと思います。

　なお、TOEFL iBT を会場受験する場合、受験会場によって環境に優劣の差（パーテーションの高さ、周りの受験者との間隔、イヤーマフの有無など）が大きく、人気のある受験会場は予約が埋まりやすくなっています。より良いコンディションで受験したい方はお住いの地域の試験会場の情報を調べたうえで、申込はなるべくお早めに！

7. 周囲の人の助けを得る

　10 人の合格者全員の共通点であり、医学部学士編入試験に挑戦する

うえで最も大切なことのひとつであると言えます。10人全員がそれぞれ家族や大学の指導教授、職場の人、編入生の先輩、受験生の友人、予備校のチューターさんなど複数の人に頼りながら受験の準備を進め、試験を乗り越えてきたことが分かりました。自身とバックグラウンドが近い合格者から有益な情報や助言をもらっていたケースも散見されるため、もしもSNS上などで適当な人が見つかればコンタクトをとってみるのも良いでしょう。

　志望校の選定や学習方針の決定、志望理由書の添削、推薦書の作成をはじめとする試験に直接関係のある学習面、出願面でのサポートはもちろんですが、迷った時、辛い時に精神的に支えとなってくれる人の存在は想像以上にありがたいものです。

　特に編入試験は出願から最終合格発表まで3ケ月ほどかかるところが多く、加えて受験と合格発表を何度も繰り返し経験することも稀ではないので受験期間が長期化しやすいです。精神的なダメージを受けることも多いかもしれませんが、そのような時はぜひ周囲の信頼できる人に相談してみてください。

◎参考
・TOEFL 受験申込・受験の流れ
　https://www.toefl-ibt.jp/test_takers/toefl_ibt/register.html

・TOEIC Listening & Reading 公開テスト
https://www.iibc-global.org/info/administration/coronavirus.html

第3章

医学部学士編入、
合格後の歩み

3-1. 医学部学士編入試験合格！　その後どうする？

　本書を手に取っている方は、既に一度大学を卒業されているか、卒業予定の方がほとんどだと思います。その上、現に試験対策を進めている方は、合格後のことにまで手が回らないのが実情でしょう。

　しかし、あまりにも合格後の計画が甘いと、折角医学部に合格したにも関わらず入学や卒業ができないという最悪の事態になりかねません。しかも学士編入には、一度目の大学入学にはない落とし穴さえ潜んでいます。早いうちから合格後の生活を考えておくに越したことはありません。

　かくいう著者自身も、本章を執筆しつつ、今なお入学後の身の処し方について悩んでいるのが実情です。そこで、自らの勉強も兼ねて、医学部学士編入試験合格後の「お金」「手続き」「勉強」に関する問題をテーマにまとめていきます。

　なお本章に記載の内容は今後変更される可能性があるので、あくまで参考程度にとどめていただき、必ず最新の一次情報を確認するようにしてください。

3-2. 合格後のお金の問題

◎お金①：全部でいくらかかる？

　おそらく読者の皆さんが最も気になる点かと思いますので、初めに記します。「全部」を「医学部学士編入試験合格から医学部卒業までにかかる費用の総計」と考えると、およそ 1,000 ～ 1,500 万円と考えてよいでしょう。

　もっとも、これは国立大学医学部医学科の 2 年次に編入し、5 年間一人暮らしをした場合の金額です。本節では、最も数が多いと思われるこのパターンを想定して、話を進めます。

　言うまでもなく、私立大学に編入した場合はこのような額では済みません。逆に、国立大学の 3 年次に編入した場合や実家から通学した場合、給付型奨学金の支給を受けた場合などは、これよりも費用が抑えられることでしょう。

◎お金②：総費用の内訳

　国立大学医学部医学科の 2 年次に編入し、5 年間一人暮らしをした場合を想定し、出費を主な費目ごとにまとめました。居住地や経済状況による幅を想定し、航空料金になぞらえて、「エコノミー」「ビジネス」「ファースト」の 3 パターンを用意しました。

月額

項目	エコノミー	ビジネス	ファースト	備考
食費	¥21,000	¥30,000	¥45,000	1 日 700 円〜1,500 円 × 30 日 = 30,000 円〜 45,000 円
家賃	¥40,000	¥60,000	¥80,000	インターネット代込み
水道光熱費	¥10,000	¥10,000	¥10,000	
通信費	¥1,500	¥3,000	¥10,000	スマホ通信費
日用消耗品費	¥10,000	¥15,000	¥20,000	洗剤、ティッシュ、トイレットペーパー、散髪、衣服、靴など
交際費・娯楽費・予備・貯蓄	¥15,000	¥25,000	¥40,000	
住民税・国民年金・公的保険	¥5,000	¥5,000	¥5,000	金額はあくまで目安。国民年金は可能なら学生納付特例を利用。
合計	¥102,500	¥148,000	¥210,000	
年間合計	¥1,230,000	¥1,776,000	¥2,520,000	
5 年合計	¥6,150,000	¥8,880,000	¥12,600,000	

単発

項目	エコノミー	ビジネス	ファースト	備考
教科書代	¥100,000	¥150,000	¥200,000	6 年間で 10 万前後〜20 万円ほどが一般的です。
実習費	¥45,000	¥45,000	¥45,000	白衣や聴診器、ペンライト、実習で使用する教材も一部購入する必要があります。総額は 50,000 円弱。
医師国家試験	¥75,000	¥75,000	¥75,000	受験料 15,000 円、登録料 60,000 円
保険と予防接種	¥25,000	¥25,000	¥25,000	
CBT試験(学生免許)	¥27,500	¥27,500	¥27,500	受験費用
引越し代	¥350,000	¥350,000	¥350,000	引越し屋 5 万円。賃貸契約初期費用 30 万円(敷金、仲介手数料、保証会社、火災保険、鍵交換)53.58 万円× 5 年
学費	¥2,679,000	¥2,679,000	¥2,679,000	
電化製品	¥150,000	¥150,000	¥150,000	掃除機、洗濯機、冷蔵庫、電子レンジなど
iPad	¥50,000	¥90,000	¥90,000	
医学学習コンテンツ	¥150,000	¥150,000	¥150,000	30,000 円× 5 年
合計	¥3,651,500	¥3,741,500	¥3,791,500	

	エコノミー	ビジネス	ファースト
月額＋単発	¥9,801,500	¥12,531,500	¥15,881,500

(作成：土橋航)

◎お金③：社会人要注意！　在学中の税金などについて

　医学部学士編入後、卒業までに納めなければいけない主な税金や年金、公的保険についてまとめます。特に現役社会人は、退職後の住民税の取り扱いについて早めに担当部署に確認するのが吉です。

所得税	年収103万円までは実質非課税。しかし、歯科医師・薬剤師資格を持っているなど、学生であっても高い年収が見込まれる場合は要注意。
住民税	「前年の」収入に対して課税され、しかも退職の時期によって一括払い等の手続きが変わる。そのため社会人出身者は要注意。
健康保険	社会人出身者などは、入学後に被扶養者になるかを要検討。
国民年金	学生納付特例制度を使用すれば、在学中の保険料納付は猶予される。年齢制限も無い。しかし本人の所得が一定以下でなければならないので、要注意。
厚生年金	（原則）支払い義務なし
雇用保険	（原則）支払い義務なし

　ここからは、医学部への学士編入を目前に控えた本書の著者10人へのアンケート結果（2021年2月に実施）を交えつつ、入学前の準備についてまとめていきます。

◎お金④：奨学金

　著者10人中7人が、奨学金への出願を検討中（出願済み含む）と回答しました。検討中の出願先として特に目立った日本学生支援機構については、上述の7人中6人が出願予定としました。そのほかの出願先としては、佐藤奨学会など民間の奨学金、そして自治体や大学による奨学金が挙げられました。

　ここで主な奨学金の種類と特徴を簡単にまとめます。

・日本学生支援機構：同機構の奨学金は、大きく分けて貸与型と給付型に分かれます。なお、学士入学者は給付型の支給対象外です。採用方法は予約採用・在学採用の2種類があり、予約採用は大学入学前に申し込むことができますが、申込先は（原則）在学中あるいは卒業後2年以内の高等学校に限られます。そのため、学士編入学者は在学採用に申

し込むことになります。

貸与型は、利子の有無でさらに第一種と第二種に分かれます。主な相違点を下の表にまとめました。

	第一種	第二種
利子	なし	あり 年（365日あたり）3％を上限とする利子付。在学中は無利子
対象	国内の大学院・大学・短期大学・高等専門学校・専修学校（専門課程）に在学する学生・生徒	国内の大学院・大学・短期大学・高等専門学校（4・5年生）・専修学校（専門課程）の学生・生徒
選考	特に優れた学生及び生徒で経済的理由により著しく修学困難な人に貸与します。	第一種奨学金よりゆるやかな基準によって選考された人に貸与します。
貸与額	国立・公立・私立、入学年度、通学形態などによって定められた貸与月額のいずれかを選択	2万円〜12万円（1万円単位）の貸与月額から、それぞれ自由に選択

（日本学生支援機構HPをもとに作成）

・民間の奨学金：公的な奨学金に比べ、給付型奨学金の選択肢が多いことが特徴と言えるでしょう。全体の数が多く、応募資格や支給額などの条件は奨学金ごとに大きく異なります。

・自治体による給付金：様々な自治体が、そこで勤務する医師を確保するために奨学金制度を設けています。特定の地域で一定期間医師として勤務することによって、返済を免除される場合が多いようです。

◎お金⑤：アルバイト

「医学部入学後、アルバイトはしますか？」の質問に対し「はい」と回答したのは10人中8人で、残りの2人は「検討中」でした。

アルバイト先として最も人気だったのは家庭教師（4人）で、他には、これまでの経験を活かして高時給が見込める看護師・歯科医師・薬剤師として働く予定の著者が目立ちました。

アルバイトを「検討中」と回答した2人は、やはりアルバイトに割けるだけの時間が取れるかを主な懸念点として挙げていました。

3-3. 合格から入学までにやらなければならない手続きは？

◎手続き①：仕事はどうする？　合格者の実例に学ぶ

　学士編入試験の合格者は、大きく次の4種類に分かれます。

1．仕事を続けながら受験→合格

2．仕事を辞めて受験→合格

3．大学（院）在籍中に受験→合格

4．大学（院）修了後、就職せずに受験→合格

　1．の場合は、学士編入試験に合格すると、進学のために退職せざるを得ない場合がほとんどかと思います。もちろん合格することが先決ですが、退職の流れをあらかじめ簡単に想定しておくと後々焦らずに済みます。特に、受験していることを職場に隠している場合、志望校の合格発表が遅い場合などは、合格後すぐに退職の手続きを始めなければ間に合わないことも考えられます。

　退職一般に関する話は、本書の趣旨から逸れるため割愛します。今回は、「合格後の退職に際してどのような点に注意し、その結果どうだったか」を著者全員に聞いてみました。ここでは、その回答の中からいくつか紹介します。

・退職に関する職場の規定をあらかじめ確認していた。

▶いわゆる正社員の場合、退職2週間前までにその意思を使用者に予告すればいつでも退職できることなどが法律に定められています。しかしこれらはあくまで法律上許されるギリギリの話。例えば、この著者の職場では3ケ月前までに予告することが規定に定められていたようです。円満に退職したい方は、まずは職場の規定に沿って手続きを進めることをお奨めします。

・受験しながら業務にも全力で取り組んだ結果、学業と仕事を両立でき

そうという好印象が与えられ、入学後の雇用継続が決まった。

▶かなり例外的かと思いますが、「進学＝退職」と思い込む前に、自身の職場でこのようなケースが過去にあったのかなどを一度確認してみてはいかがでしょうか。

・今後も業界的に絡む可能性があるため、揉めずに辞めるように丁寧に退職理由を伝えた。

▶現役の医療従事者や、製薬会社に勤めている方などは、医師になってからも前職の人たちと関わることがあるかもしれません。そうでなくとも、「どうせ辞めるから」と退職理由の説明をおざなりにしてしまっては、円滑な退職は難しいでしょう。

・職場の採用面接時に医学部受験のことを伝えており、医学部合格後スムーズに辞められた。

・受験を決めた時に、職場の病棟看護師長に 1 年後退職したい旨を伝えた。

・受験を決意した翌月に病院の求人に応募。その際に、医師を目指しており現場を見るために応募したことを人事担当者に伝えた。結果、合格報告も退職準備もスムーズに進んだ。また、副院長からは快く推薦書を書いてもらえて、出願で大いに役立った。

▶近いうちに退職するかもしれないことを、合格前から職場に伝えていたケースです。看護師、歯科医師、薬剤師に多く見られました。定年制・総合職型採用の場合は難しいと思われますが、この形であれば円滑な退職を見込めます。

・進学先を決めてすぐに直属の上司に報告した。出来得る限りの早さで人事が進行できるよう、すぐに報告したことは良かった。

・合格直後に、同年度いっぱいで退職することを直属の上司に秘密裡に

伝えた。その結果、部長や人事部との内々の調整が円滑に進んだ。

▶人事の調整には、水面下で想像以上に多くの手間と時間がかかっています。そのため、職場の規定にかかわらず、退職の意思が固まったら人事担当部署に少しでも早く（内々に）知らせることをおすすめします。ただし、退職願は一度承諾されてしまうと撤回が難しいので、「退職が確実になるまで」提出は避けるべきです。

◎手続き②：そのほか合格～入学までにやること

進学のために引越しをして一人暮らしをする場合、入学までには以下のようなことも済ませなければいけません。これらのうち、引越しについては後述します。

賃貸物件契約
生協加入
引越し業者手配
健康保険の資格喪失証明書を受領
国民健康保険加入
国民年金保険料の学生納付特例申請
転出証明書を取得
住民票転入
水道手続き
ガス手続き
電気手続き
インターネット手続き
学食パス・ミールカード申込み
生協電子マネー準備
科目登録
教科書入手
実習用品（白衣、聴診器、ペンライト等）購入
ワクチン（麻疹、風疹、水痘、流行性耳下腺炎）接種

（作成：土橋航）

◎手続き③：引越し業者の手配について

　遠方の大学に進学する場合、荷物の量が同じであっても、その他の条件によって数万円〜数十万円規模の価格差が発生します。しかし、これは早めの準備によって相当節約できることも意味します。

　引越しにかかる費用は、主に次の条件によって決まります。

1．移動距離
2．混載便かチャーター便か
3．荷物の量（体積）
4．時期
5．業者ごとの価格差

　これらのうち、1と2については自身で決めることが難しく、3については荷物を減らせば良いだけなので、ここでは4と5について簡単に解説します。

・時期

　特に2〜4月頃の繁忙期は、引越しの日程がたった数日変わるだけで総額が劇的に変動します。例えば著者の市川（関東から岡山に移住）の場合、1月中旬にある引越業者に相場を聞いたところ、3月15日の搬出で15〜20万円、3月20日では20〜25万円かかると言われてしまいました。他の業者からは、2月後半の搬出であれば12万円で済むところ、3月後半になると33万円かかると言われました。最終的に、引越し費用は3月後半の搬出で17万円に落ち着きました。

・業者ごとの価格差

　上述のとおり、業者によっても提示額には大きなバラつきがありますが、複数の業者から同時に見積もりを取り寄せられるサイトもあります。もちろん、このようなサービスを使用した場合は手数料も取られてしまうようですが…。ただ、個別に見積もりを依頼する手間を考えれば、利用する価値はあると思います。

ここではもっぱら引越しの費用について述べましたが、他にも損害補償内容や無料サービスなど、業者によって細かく条件が異なります。これらについても契約前に確認しておくと安心です。

3-4.　勉強：入学後に向けた先取り学習のすすめ

　編入の年次を問わず、医学部学士編入直後にその苛烈さで名高い「解剖学」が待ち受けています。著者アンケートに対して、10人中8人が入学に備えて解剖学の勉強を始めていると回答しました。使用テキストとしては、原島広至、河合良訓『骨単』（エヌ・ティー・エス、2004）『肉単』（同、2004）『脳単』（同、2005）が人気でした。

　そのほか、定期試験や医師国家試験に向けて、医学部生向けのオンライン講義等を提供している「medu4」や「Q-Assist」の利用を始めている著者も半数程度見受けられました。

3-5.　入学後を計画する

　以上、医学部学士編入試験合格後の「お金」「手続き」「勉強」について、編入を目前に控えた合格者の視点からまとめました。色々と書き連ねましたが、結局どのテーマについても共通して言えるのは、とにかく早めの計画と対策が重要であるという身も蓋もないことでした。

　ただ、本章の冒頭でも述べたとおり、特に「お金」「手続き」については計画が不十分だと入学さえ危うくなりかねません。このような事態を回避するうえで、本章が少しでも読者の役に立つことを願います。

特別インタビュー：医学部学士編入と妊娠・出産・育児

　医学部学士編入試験の受験生には、在学中の出産や育児を考えている方もいると思います。しかし、ただでさえハードな医学部での生活と並行して、これらをこなすことは容易なことではありません。どうすれば両立できるのか、不安な方も多いのではないでしょうか。

　そこで今回、2011年に長崎大学医学部医学科に学士編入し、在学中に2人のお子さんを出産され、現在は4児の母でもある現役医師・M先生に、医学部生時代のお話を詳しく伺いました。（インタビュアー：市川、大崎）

Q.　M先生、本日はよろしくお願いいたします。まずは簡単にご経歴を教えていただけますでしょうか。

A. 私は文系の大学を卒業後、製薬会社に営業職として勤めていました。2009年12月、24歳の時に医学部編入受験を決意し、河合塾KALS新宿校に入学しました。当初は仕事と両立しながら合格を目指したものの、土日の研究会主催などの業務が多く、受験勉強開始3週間で退職して浪人することを決意しました。

　3月末で退職後、新宿校に5月まで通い、1年目の受験を経験しました。このときは受験した4校（長崎・大分・山口・鹿児島）全て不合格でした。

　その後試験対策を再構築し、2年目はKALSに通わず自宅で浪人しました。KALS教材を徹底的に反復し、生命医学系の文庫本や医学英文雑誌を読み漁った結果、2年目は3校で最終面接まで進み、2校から最終合格をいただきました。

Q. 学士編入時、既にご結婚されていたと伺いました。旦那様とはいつごろ結婚されましたか？

A. 夫は外国人で、生物学を修め私と同じ会社で薬の研究員として働い

ており、元々は職場の同期・知り合いという関係でした。

　医学部編入試験が終わり、医学部に入ることが決定してから結婚を前提に交際をスタートし、入学前に交際3ヶ月でスピード結婚しました。退職して医学部に入ることも、スピード結婚したことも周りに驚かれましたが、私は元々その方に好意を寄せていたので幸せなトントン拍子でした。

Q. 編入前から、学生として出産・育児することを想定されていましたか？
A. 私は入学時に26歳、夫は38歳でした。夫の年齢を考えると早めに出産した方が良かったので、在学中に子供を産むことは初めから決めていました。

Q. 学士編入を決意された時のご家族、旦那様の反応は？
A. 入試時、夫とはまだ同僚の関係であり、学士編入については事前に知らせていませんでした。

　兄は医師なのでそこまで驚いてはいませんでしたが、東大医学部出身であり多くの東大生が医学部編入試験を受けることを知っていたので、相当勉強しないと難しいだろうと私の退職を心配していました。

　両親は私が東京で激務だったことを知っていたので、とても応援してくれました。

　ただ、働いていた2年間で貯金していたので、退職後の生活費や受験費用は自分でやりくりしました。

Q. 在学中、周囲には（男性含め）結婚・出産・育児されている方は結構いらっしゃったのでしょうか。
A. 私の編入した長崎大学は編入生や再受験組が多く、年齢層は30代〜50代までいたので、1学年（100人）中2人くらいが既婚者でした。私以外に、1個下の学年の後輩が在学中に出産しました。

Q. 出産や育児に関する学生生活中の出費はどのように賄いましたか？
A. 私はお金を社会人の時に貯めていたので、そのお金や奨学金で工面しようと考えていましたが、医学部に入ったことを喜んだ両親が学費を援助してくれました。

　育児や生活にかかる費用は東京にいた夫が 12 万円の仕送りをくれていたので、その中でやりくりしていました。アルバイトはせず、勉強と子育てに専念しました。

　1 人目を出産後、しばらくしてから夫が完全在宅勤務できる外資系企業に転職し、長崎に一緒に住んで生活を支えてくれました。

　ちなみに、夫は当初もと勤めていた会社で在宅勤務できる部署への異動を希望したものの、認められず転職を決めました。その当時では珍しく完全リモートで勤務できるところだったので、積極的に育児に参加してくれました。

　金銭的にも、子育ての面でも、周りのサポートが手厚かったと思います。

Q. ご出産や育児にあたって、国や自治体からの支援は受けましたか？
A. 育児に関して、国から受け取った支援は、子ども手当（2012 年『児童手当』に改称）のみです。

　しかも、その金額は配偶者の年収で決まり、私の場合は子供 1 人あたり毎月 5000 円でした。

　妊娠中にも助成を受けました。病院で妊娠の確定をしてもらった後、住民票のある自治体の窓口に行き、母子手帳を受け取ります。その母子手帳に付属して妊婦健診の補助券をもらえます。私は埼玉で母子手帳をもらい、長崎で健診を受けていたのですが、このことにより返金手続きを埼玉でしなければなりませんでした。住民票は必ず、大学のある都道府県に移しておかないと色々大変です。

　出産の際は、子ども一人あたり 42 万円の出産育児一時金が支給され

ます。私はそこから差し引いて足が出た分を払いましたが、子ども4
人とも、自己負担は1人あたり4〜5万円で済みました。

　ここで注意が必要なのは、どの都道府県で出産するかによって費用が
大きく変わるという点です。東京で出産した知り合いは、42万円の支
給を受けてもなお、20万円ほどの自己負担があったそうです。特に東
京などの人気病院で出産する場合や、個室を希望する場合などは費用が
高額になりがちなので、病院選びの際にお金がどのくらいかかるか確認
する必要があります。

Q. 大学からは支援を受けましたか?
A. 大学からの金銭的な支援は受けませんでしたが、育児の際は大学病
院附属の保育園を使いました。この保育園は教職員や大学病院の職員専
用のものでしたが、学生でも使えないか相談してみたところ、受け入れ
てもらえました。第1子は当初両親に預けていたのですが、生後半年
を過ぎたころから両親の負担が大きくなり、保育園に預けることを決め
ました。

　費用は1人あたり月4万円で、2人目は兄弟割引で1万円引いてく
れました。今は3歳からの幼児教育・保育は無償なので、0歳〜2歳
の間頑張って支払えれば大丈夫です。

　ちなみに、公的保育園ははじめの1週間程度は「慣らし保育」といっ
て保育時間が短縮されるので、注意が必要です。

Q. これらの支援は十分でしたか?
A. 研修医になってからも出産を経験しましたが、その時は労働基準法
によって出産後2ヶ月間は必ず休む必要がありました。この2ヶ月間
も研修期間としてカウントされます。

　このように守ってくれる公的な制度が学生にはなく、確かに当時は必
死でしたが、自分で選んだ道だったので支援に対する不満などはありま
せんでした。

Q. ご出産の際、保険は適用されましたか？

A. 私のように自然分娩（正常分娩）の場合　、医療保険は使えません。そのため出産育児一時金で支払うのが普通です。

　一方、異常分娩（妊娠高血圧症・帝王切開など）の場合は医療保険が使えます。

Q. 民間の医療保険には加入していましたか？

A. 民間の保険は入っておらず、検討もしていませんでした。

　2 週間に 1 回健診に行くだけで 3000 円〜 5000 円かかるので、負担が大きいと思った時期はありましたが、当時は民間の保険については知りませんでしたし、子どものために必要な出費と考えていました。

編集後記：民間保険の対象になるのも、異常分娩による長期入院などの場合に限られるようです。

Q. 妊娠・出産・育児について、主に誰に相談しましたか？

A. 私はあまり悩むタイプの人間ではなく、同じような状況の人が周りにいなかったこともあり、特に相談することはありませんでした。そもそも、よく悩む人はあまり医学部の編入試験を受けないと思います。(笑)

　ただ、育児に時間を割かれる分、いかに単位を取り効率よく卒業するかを考え、長期的な計画を立てて行動していました。単位を取るために、積極的に先輩に聞きに行ったりしていました。基本的に過去問は皆に平等に回ってきますが、グループによって情報の質・量に偏りが出るため、先輩に友達がいると良いと思います。

　ちなみに、編入生は普通生と学籍番号が異なるので、試験に落ちたらすぐに周りも知られてしまいます。ご注意を！

Q. 病院選びはどのようにされましたか？

A. 私は病院選びでは成功した方だと思います。1 人目も 2 人目も長崎の実家付近の、唯一お産ができる病院で出産しました。まず、出産後し

ばらく体が動けなくなることを想定し、駐車場がある病院であることを重視しました。次に、入院中に夫も一緒に快適に過ごせる個室があることを中心に選びました。なお人気の病院は、妊娠10週目くらいの時から健診に行かないと空きがなく、断られてしまうこともあるようです。

Q. どのタイミングでの出産が理想的だと思いますか？

A. 試験日程との関係が重要です。出産後は体が元に戻るまで1ヶ月ほどかかるので、できれば試験終了後の夏休み、春休み期間に産めるように出産計画を立てた方が良いと思います。出産のタイミングによっては留年せざるを得ない場合もあるので、計画的に進める必要があります。

　例えば私の場合、入学直後に第1子の妊娠が発覚し、ちょうどその時期から解剖学の実習が予定されていました。しかし妊娠を理由に実習に支障が出るようなことがあってはご遺体に失礼であることや、ホルマリンなどの有害物質に晒されることなどの理由から、教授から休学・留年を勧められました。両親・夫と相談し、妊娠中も体力がもつ限り実習を続けることを決めました。有害物質対策にガスマスクを付けて解剖に参加することを申し出たところ、受け入れてもらえました。最終的に、妊娠を理由に授業を休むことは一度もなかったと記憶しています。

　そのほか、第2子を出産した際は試験日程と当初の出産予定日が被っており、出産日を2週間早めました（計画的誘発分娩）。

Q. ご出産後、どのくらいの期間で授業に復帰されましたか？

A. まず、第1子の出産前は破水した前日まで授業に出ていました。出産後は、床上げの1ヶ月まではゆっくり休養したかったのですが、編入生のみ対象の解剖実習夏季集中補講があったため、第1子の時は産後1週間で復帰しました。丸一日の解剖実習だったので、正直、体力的にも授乳の面でもかなりきつかったのを覚えています。

　また、第2子も同じく産後1週間で復帰しましたが、この時は2〜3日おきに試験があり、その試験も午前で終われば自宅に帰って休んだ

り、赤ちゃんに授乳もできたので、第 1 子の時よりも楽でした。

　実際は 1 ヶ月はしっかり休んだ方がいいので、夏休み、春休み中の出産がやはりベストだと思います。

Q. 先生達からはどの程度配慮がありましたか？
A. 教授によりけりでした。今もこうしたことができるのかは分かりませんが、理解のある先生は再試のタイミングなどを調整してくれるかもしれません。出席の代わりにレポートで代用してくれる先生もいました。今は遠隔授業の設備も整っているため、先生に相談に行くのも手だと思います。

Q. 育児や勉強に関する節約術について教えてください。
A. 節約は大好きです。（笑）育児に必要なものは使用期間が限られているので、中古品で済ませることもありました。当時はヤフオクやハードオフを使ったり、姉からお下がりでもらったりしていました。今はメルカリを活用できます。

　勉強に関しては、本をなるべく電子書籍で揃えたり、図書館を活用することで書籍代を抑えました。

　医師になると収入が上がり、たくさん使う人も増えます。私としては育児や自分の生涯学習用の勉強には投資しますが、生活の水準を大幅に変える必要は感じませんでした。

Q. 医学生と母の両立を振り返ってみて、思うことはありますか？
A. 医師は毎年 1 万人近く誕生しますが、子どもは一人だけの掛け替えのない存在です。私は、子どもと医師になることを天秤にかけたら、子どもを選ぶと心に決めていました。ただ、何とか医学部を卒業したいと思っていたことも事実です。

　医学部在学中に 2 人の子を産んで育て、晴れて医師となるまでの道のりは、私一人では到底乗り越えられませんでした。夫、両家の両親、友人・先生方など周囲のサポートに改めて心の底から感謝しています。

第4章

これから
医学部学士編入を
志すあなたへ

　ここまで、医学部学士編入試験の合格者の目線から、体験記などの「生の情報」を提供してきました。皆さんがこれから受験に挑戦する上で、1〜2年先のイメージはクリアになってきたのではないでしょうか。しかし、本気で医学部学士編入を目指してから、実際に医師になるまでの期間は短くありません。また、医師になってからの人生も長いです。5年後や10年後、20年後の未来について気になりませんか？

　本章では、「医学部生活」、「医師としての未来」の2つをテーマに、学士編入生や受験生の未来について考えていきたいと思います。執筆にあたり、私達よりも先に医学部学士編入を果たされた先輩である医学部5〜6年生3名と、医師としてご活躍されている榎木英介先生と有田和旦先生にご協力していただきました。忌憚のない対談やインタビューを通じて、医学部編入を経験した先輩方からの感想やメッセージを共有し、長い目で見た「医学部学士編入のリアル」を想像してもらえればと考えています。

4-1. 編入医学生と振り返る医学部生活

　本節では、医学部5・6年生からの最新情報を基に、編入医学生生活のリアルをご紹介します。大学での講義や実習の様子はもちろん、普段の生活や課外活動についても様々な情報を掲載します。2度目の学生生活を迎える編入医学生は、その生活を一体どのように過ごしているのでしょうか。

◎まずは様々な繋がりの輪を広げていこう

　編入生は4月頭から2年次、あるいは3年次を迎える一般入試生（以下、一般生）に同級生として加わることになります。その中で、最初はどうしても編入生同士での交流が多くなるとは思いますが、是非一般生とも仲良くなりましょう。そうすることでより充実した学生生活を送ることができます。

　確かに、座学講義を一緒に受けるといっても、仲良くなるきっかけは乏しいかもしれません。ましてや、コロナ禍により授業のオンライン化が急速に整備された昨今では、学生間で会話を交わす機会がさらに減っています。しかし医学部では、編入後すぐに始まる解剖学実習や、症例の考察実習など、班別で実施する実習が複数あります。また、希望制の医学英語の授業もあります。そういった授業で同じ班になったことを契機に、一般生とも親交を深めていけると思います。

　また、同級生だけでなく先輩や後輩との繋がりも作ることで生活がより充実してくると思います。部活やサークル活動はその一例です。ただ、医学部の運動系部活に所属する学生はかなりハードな練習に取り組むため、体力的に厳しいと感じる編入生は多いです。自身がその運動種目の経験者である場合は問題ありませんが、そうでない場合では運動系部活への参加は難しいようです。ただ、文化系や勉強系の活動団体はその懸念はなく、参加しやすいと思います。

加えて、自主的に研究室に所属し研究活動を開始したり、先輩医師を招いた症例研究会に参加したりすることもあります。そういった機会を活かし、様々な繋がりの輪を広げていきましょう。

◎編入試験で問われる内容を基礎医学の足掛かりに

編入試験で出題されるテーマには「細胞生物学」や「生化学」などの内容も含まれます。それらは、編入後初期に勉強することになる「基礎医学」に関与するものが多く、大半の編入生にとっては復習のように感じます。

ただ、決して油断してはいけません。様々な観点においてハードに感じる解剖学実習などに気を取られ、他科目を取りこぼす恐れがあるからです。余裕が生まれたら、是非その余裕分を他科目の対策に充てるなど、堅実に取り組んでいくことが大切です。

また、試験問題の記述量が多いという点においても、基礎医学科目の試験は編入試験と類似しています。しっかりと字数制限が付いている科目まであります。故に、受験生時代に養った記述力を入学後も引き続き伸ばす必要があります。一方で、基礎医学科目の後、2年次後半から3年次後半頃に臨床医学の科目が始まってきます。臓器別、診療科別で行われる臨床医学科目の試験では選択式問題が多くなりますが、これは同じく選択式問題である医師国家試験への対策という面があるようです。

◎医学部のテスト範囲は圧倒的に広い

医学部での試験に対し、前の大学での試験と同様のイメージを持っている方がいたら、大半の方はその認識を新たにする必要があります。もちろん薬学部や看護学部、その他生命科学系の学部出身の方にとっては、似通った部分も多いかもしれません。しかし、文系学部や理工系学部出身の方にとっては、多くの違いを感じることになるでしょう。

ある先輩によれば、「出題範囲が明確であり何を勉強すれば良いかは

分かるが、量が圧倒的で限られた勉強時間の中でどこを優先して勉強すべきか判断しないと太刀打ちできない」のが、医学部の試験とのことです。

　終日存在する授業に割かれる時間を考慮すると、自主学習に充てられる時間は限られています。出題範囲が膨大であるからこそ、計画を立てて日々の勉強時間を作り出す「タイムマネジメント」が大切です。さらに、自身の理解能力を考慮し、必須知識から着実に習得していく「学習内容の優先順位付け」も重要です。これら2つを意識して効率的かつ効果的な学習を目指しましょう。

◎勉強の効率化がここ数年で飛躍的に伸びている

　実は、ここ数年で普段の学習に iPad などのタブレットを勉強ツールとして利用している医学生が増えています。医学部での授業では講義資料が PDF で配布されることが多いです。その度に印刷すると資料がかさばりますが、データを一括して iPad に入れておけば、様々な資料をコンパクトに扱えます。その PDF に直接メモを書き込むことも可能です。さらに、CBT 対策や医師国家試験対策のためのオンライン講座などのサービスも複数存在します。決してそれだけ取り組めば良いということではありませんが、医師になるために必要最低限の知識を把握することで、学習の優先度選定を効率的に行うことができるのです。

　また、単語カードをスマートフォンやタブレット上で扱うことができる、暗記アプリも複数種存在します。忘却曲線に従い自動的にその日に復習すべき内容が表示されるアプリの使用を習慣化することも、効果的な学習に寄与するでしょう。

◎コロナ禍で医学部の授業はオンラインに移行

　コロナ禍を受け、医学部でも授業のオンライン化・リモート化が急ピッチで進められ、医学部生活は新たに変わりつつあります。講義形式の授

業の大半がオンラインに切り替わっただけではなく、高学年における実習もオンライン化しているようです。例えば、疾患に関する座学の部分は動画配信の形式になり、手術見学や手技実習は対面形式となっているようです。同級生と共に勉強する環境が減少した一方、講義動画を繰り返し閲覧できることにより学習効率が上昇しました。

　今後コロナ禍がどの程度続くか不明ですが、オンライン式と対面式のベストミックスが求められているようです。

◎色々な診療科に興味をもち、自分の志望する科を見つめ直すことが大事

　編入生は自身の経歴を基に将来の医師像を明確にして受験に臨むことになります。ただ、医学を学んでいく中で、自身の考えに固執することなく、広い視野で様々な診療科を見つめることも非常に大切です。

　医学部での臨床医学や病院実習が進むにつれて、各診療科についてより詳しく学んでいきます。それに際し、多くの学生が自身のイメージとは異なる面や、新しい発見・興味に必ず出会います。それにより、将来の希望する診療科に新たな選択肢が加わることも大いにあり得ます。加えて、各診療科は多くの関わり合いがあります。自身の選んだ診療科で業務を進めるにあたり、他診療科への広い理解はとても役に立つはずです。

◎勉学も大事だが、課外活動で充実した学生生活を

　授業や自主学習以外の時間を、編入生はどのように過ごしているのでしょうか。

　その選択肢としては、部活動やサークル活動だけでなく、研究室でのアカデミックな活動や、先輩医師を交えた勉強会、米国医師国家試験（USMLE）に向けた自主学習、学外団体の活動など、実に多種多様です。

　出身大学で研究室所属の経験がある人であれば、早いうちから研究に取り組むことが可能かもしれません。先輩医師との対話では、臨床現場

の視点について学生の時から多く触れることができます。USMLE の筆記試験過程（概ねステップ１は基礎医学、ステップ２は臨床医学を対象とする）を在学中にクリアしてしまう強者も中にはいるそうです。あるいは、学内のビッグバンドに所属してその活動を大いに盛り上げたり、ベンチャー企業の立ち上げに関わったりなどの活動もあります。

　ただ、高学年に進むと、いよいよ病院実習や国試に向けた勉強に専念することになります。各科目の卒業試験が５年後半から６年にかけてある大学では、２週間に１回の頻度で何かしらの試験が回ってきます。よって、課外活動は比較的低学年で取り組むことが多いようです。

◎学生に戻るといっても人生は進む

　編入生は一番若い人でも学部４年を卒業する方々です。社会人経験を積んでいる人であれば年齢はそれ以上です。入学後４、５年の時間が経過する中で、結婚を迎える方、子供の養育と勉学を両立される方、出産を迎える方など、人生の転機を経験する方もいます。

　もちろん苦労される面がありますが、様々な形で人生のステップは進みます。医学生生活では、医学を学ぶことが第一義です。ただ、以前の学生生活と同じような生活に戻るのではなく、新しい形での学生生活を歩んでいく人もいます。

大阪大学医学部医学科6年生Sさんから受験生へのメッセージ

2つお伝えしたいことがあります。

1つ目は、医学部受験に挑戦せずに数年後や数十年後にあの時挑戦しておけば良かったと後悔するのであれば、可能な範囲で最大限挑戦してみるのがその人にとって後悔のない選択肢の一つなのではないか、ということです。ご自身の人生にとって大変大きな決断だと思いますが、いずれにしても悔いの残らないような形になることを祈っています。

2つ目は編入試験に向けての具体的な話ですが、「自分自身の現時点での実力（スタート）と、試験に合格するために必要な実力（ゴール）の両方を正確に把握し、そのギャップを計画的に埋めていくこと」を心掛けましょう。いざ編入に挑戦することを決めた受験生の中には、何となくぼんやりとした状態で挑戦する方と、しっかりと計画を立てて挑戦する方がいらっしゃって、結果的に合格されている方の多くは後者だなと思ったんですね。

では、スタートである自身の実力を知る方法ですが、予備校の模試や志望校の過去問を解いてみて自分の苦手な範囲を把握することなどが考えられると思います。志望校の過去問を解けば、ゴールである合格に必要な実力も明確になると思います。そしてそのギャップを埋めるような勉強を計画できるかどうか、これが重要だと私は感じます。

　編入生として入学した当初の私は、一般生に対してアドバンテージが
あるかなと思っていました。しかし、徐々に彼らと比べてそんなに勉強
面で差を感じなくなって、途中からは一般も編入も皆一緒のレベルで勉
強しているという感覚がありました。

　医学部の生活においては、「自分のタイムマネジメント」と、「何から
勉強していくか優先順位を付けること」が大事です。なぜなら、医学部
で学ぶ範囲が膨大だからです。これらは、科目の試験や医師国家試験に
向けた普段の勉強で大切ですし、編入試験でも重要なことだと思ってい
ます。医師国家試験は年々その出題範囲が広がっていると言われていま
す。それに対抗するためには、知識の吸収を効率化していくことがとて
も大切ですので、是非受験を通してその能力を磨くことができると良い
のではないでしょうか。

　一方、これは受験生だけでなくこれから入学される方に向けての話で
もありますが、前の大学の人達や、これまでのコミュニティの人達との
縁はできるだけ繋いでおくといいと思います。受験生活や入学に際し、
今自分がいるコミュニティは基本的に抜けることになると思います。し
かし、本当に仲良くした人は、医学部という新しい環境に行ってからで
も、結構心の支えになります。後々意外な所で繋がったり、思いがけな
い形で自分の助けになったりもします。そういった以前の繋がりを大切
にしながら新しいスタートを切っていただけたらと思います。

名古屋大学医学部医学科５年生Ｎさんから受験生へメッセージ

　編入試験の合格者の枠は、一見とても少ないように見えると思います。ただ、その大学が求めている学生像に自分を近づけるような対策を取ることが合格のために大事なのかなと思います。例えば、出願や試験において求められる英語能力が高い大学では、自身が海外の医療で活躍したいことをアピールするなどです。そのままの自分で書類や面接に臨むのではなく、それぞれの大学に求められている像を意識して、自身の望む像とすり合わせていくことで、合格へと繋がっていくのではないかなと思います。

　ただ、受験生時代に学部４年生であった自分は、その像を示すのに苦労しました。試験会場で周りにいた社会人経験をお持ちの受験生を見て圧倒されてしまったこともあります。しかし、学部生に業績や社会人ほどの専門性がないのは、面接官の先生も分かっていると思います。在学中の方でその辺りに不安を感じている方は、「自分には今後こういう伸び代があります」ということを示す方法を採るのが良いのかと思います。

4-2. 編入医師の軌跡 ― 現役医師との対談

　1975 年に大阪大学で始まった医学部学士編入制度は、2020 年度で45 年を迎えました。

　この45 年間、医学部学士編入制度を導入する大学数だけでなく、定員、求める背景、受験環境などは大幅に変化しました。本節ではこの背景を踏まえ、現役で活躍されている、学士編入試験を経て医師になられた方から医学部学士編入制度を見つめ直していただき、編入受験生や現役編入生の未来について考えていきたいと思います。

対談①：有田和旦 医師

【プロフィール】

有田和旦（ありたかずあき）

　高等専門学校機械科卒業。生物工学修士。大学院在学中に国家資格である臭気判定士を取得し、空気環境コンサルタント業務に従事。退社後、医学部編入試験に専念し、福井大学と滋賀医科大学に合格。29 歳の時に滋賀医科大学医学部医学科へ学士編入。滋賀医科大学在学中は医学部編入予備校のチューターとして自身の実体験を基に多くの受験生の指導に関わる。卒業後は東京都内の大学病院にて初期研修修了。初期研修ではベストレジデント賞受賞。

1、編入志望時と現在の心境について

加我：はじめに、有田先生が医学部学士編入を経て実際に研修医として2 年働いた今、「編入試験受験生当時と比較してどのような心境の変化があったのか」についてお話いただきたいと思います。編入志望時と卒業後で志望する診療科は変わるものですか？

有田：人によるかと思いますが、私は変わりました。私は前職が医療にあまり関係ない職種でしたので、学生時代の臨床実習や研修医で各科をローテーションすることで価値観や自分の将来像に変化がありました。編入時と同じ志望科で頑張っている方もおりますが、それは一般入学生でも同様に言えることなので、編入として初志

貫徹することも素晴らしいですし、経験していく中で柔軟に自分の活躍できる場所を考えるのも良いのではないでしょうか。

加我：確かに非医療系から医師になる場合、そもそも医師になった時のイメージを医師になる前から持つのは難しいのかもしれませんね。実際のところ元々の職種や経験が役に立ったエピソードはありましたか？

有田：非常に特殊な仕事であったため、前職の資格が直接役立ったエピソードは今の所ありませんが、大学では分子生物学の研究に携わっていたため、研究寄りの思考や分子生物学・遺伝学の知識が必要とされる場面では、活きた場面がいくつもありました。

また、社会人として培ったコミュニケーションスキルや報連相の習慣、提出物の締め切り遵守といった社会人一般に求められるスキルはとても役立ちました。具体的には、患者さんや他職種としっかりコミュニケーションが取れたことで患者さんが直接悩みを打ち明けてくださったり、他職種の方が信頼して気軽に仕事を頼んでくれたりすることも多かったように思います。

もちろん、前職や前大学の経験を活かしてご活躍されている先生も多くおられますので、それらの経験を活かせる場所を常に模索しながら日常診療していくことが大切かと思いますし、編入医師としての価値を高めることにも繋がるのではないでしょうか。私自身も模索しながら頑張っています。

2，編入医師の臨床現場での実情について

加我：編入医学生時代に病院への就職で不利に感じたことはありますか？

有田：私は就職に関しても不利に感じたことはありませんでした。ただ、他の編入出身の卒業生で、研修先のマッチングで年齢が理由（？）で苦労していた方は一部おられたように思います。

加我：それは就職試験で学力面に問題があったとかでしょうか？

有田：どちらかというと医者寿命の問題が大きいかもしれませんね。でもこれは仕方ない部分もあるかと思います。例えば、医学部編入試験においても、経験は少ないけど若い大学卒業者の方が合格人数は多い傾向があります。それと同様で、医者寿命が長い方が、病院側としては採用しやすいのかもしれません。その不利を上回る魅力を病院側に伝えることが必要になるかもしれませんね。

加我：そのような状況で編入出身であることはなかなか言い出しにくいかと思いますが、その一方で自分からオープンにしていくことで再受験や編入出身の上級医を紹介してくれるといった話も聞いたことがあります。実際に働いてみて、編入出身であることを自ら発信するかどうかについてどうお考えですか？

有田：日常診療の中で、必要があればオープンにすることもあります。例えば、社会人経験があることを患者さんにお伝えすることでコミュニケーションが円滑になるケースも多くありましたし、編入出身の上級医の方がいたら共通の話題も増えました。ただ、同期からはあまり気を使われたくないので、聞かれたら答えるというスタイルでやっていたように思います。特に隠している訳ではありませんが、ケースに応じて武器を変えるイメージでやっています。

加我：有田先生は30代半ばで医師になられたわけですが、一般入学生に比べて高齢で医師になったことで不遇だと感じたことはありますか？」

有田：今のところ、特別不遇だと感じたことはないですね。見た目が比較的若く見えるおかげもあるかと思いますが、編入や再受験出身に見られないので、聞かれることがあまりなかったのが実情です。ただ、上級医や同期の研修医に編入出身であることを説明した後も、他の一般受験出身の医師と同等に対応していただいておりましたので、研修医がするべき仕事ができていれば特に心配することはないかと思います。あまり差別をしないような周囲の環境に

恵まれている面もあるかもしれません。

　ただ、一般生と比較すると仕事やコミュニケーション面でのハードルは高くなるなと感じることは多々あります。さすが社会人経験あるだけのことはあるね！という言葉をいただくと嬉しいですね。

加我：よく編入や再受験である程度歳を重ねてから医師になった人は上級医や他職種の方々が扱いに困るといった噂も耳にしたことがありますが、有田先生は常に謙虚な姿勢でいらっしゃるのでそういうこともなさそうですね。

有田：その人がどのような対応を周囲に取るか次第だと思います。例えば、これは編入医師ではないですが、コメディカルの方にタメ口や上から目線で話していたことで忌避される研修医もいます。チーム医療ですから、そういった態度を取ることで回り回って上級医が扱いに困ると感じてしまうこともあります。

　話しかけやすい空気感を出すことは非常に重要で、上級医やコメディカル含めた医療関係者のみならず、患者さんとも信頼関係を築くきっかけになりますし、その後しっかり対応すれば扱いに困られることも少ないかと思います。

加我：最後に医学部編入受験生に向けて一言お願いします！

有田：『チャレンジしないで後悔するよりチャレンジして後悔した方が良い！』という言葉を頼りにここまで進んできました。今の努力は未来の自分へのプレゼントになります。精神面を含めた体調管理に気をつけて頑張ってください！

インタビュー／編集：加我友寛

対談②：榎木英介 医師

　対談２では、2000年に神戸大学医学部に学士編入された榎木英介医師からお話を伺う機会をいただきました。同氏は現在病理医として医療に従事するだけでなく、社会への積極的な情報発信に加え、「回り道医師」のコミュニティも運営されるなど、八面六臂のご活躍をされています。そんな榎木医師に対し、「医学部学士編入の意義と未来」をテーマに、本書籍の著者の１人である名倉が対談を行いました。

【プロフィール】
榎木英介（えのきえいすけ）
　1971年神奈川県生まれ。東京大学理学部生物学科動物学専攻卒業後、大学院に進学するも進路変更し、神戸大学医学部に学士編入学。2004年に卒業し、医師免許を取得後は臨床研修を経て病理医として働いている。医師としての仕事の傍ら「科学・医療ウォッチャー」として『Yahoo! ニュース 個人』等に記事を書いたり、本を書いたりしている。『博士漂流時代』（ディスカヴァー・トゥエンティワン）にて科学ジャーナリスト賞2011受賞。

1，なぜ医学部学士編入を目指したのか？

名倉：榎木先生は「生物学の研究を人に役立てたい」とのことで医学部
　　　への進学を志したと伺っております。医学部を目指そうと思った
　　　きっかけ、またその際の受験形式として「医学部学士編入」を選
　　　択された理由を教えてください。

榎木：私は生物学の中でも発生学を専門としていました。これを人に役
　　　立てたかったという気持ちが大きかったですね。しかしこれは表
　　　向きの理由で、裏があります。実は当時の教授と揉めてしまい、
　　　博士課程の途中で大学を辞めることになってしまったんです。就
　　　職を探すのも困難な中で、進路に迷っていました。
　　　そんな当時、『細胞工学』という雑誌に大阪大学医学部学士編入試
　　　験に関する広告が出ていたんですね。趣旨としては、「研究歴が
　　　ある人を対象に、研究医を育てる」というB選抜、所謂MD-PhD

コースに近いプログラムを設けるというものです（2000年から数年間の大阪大学医学部学士編入は、現在とほぼ同じ形式のA選抜と、研究医を養成するためのB選抜の2種類に分かれていました）。続いて神戸大学が同様の趣旨の学士編入学のコースを同時期に開始するという広告も出ました。ただ大学院に入り直すだけではなく医師免許も取得できるということで、まさに渡りに船だと考え医学部編入試験を受験しました。医師免許があれば、自分のやりたいことをやる上で、お金の心配をしなくて済むようになるのは大きいです。

再受験は多少は考慮に入れたものの、当時の学士編入学は3年次編入であり、2年間を省略できる医学部学士編入制度は非常に魅力的でした。

大阪大学には落ちてしまったのですが、結果として5校を受験して3校合格し、その中でも神戸大学に進学しました。2000年に学士編入しましたが、震災5年後だったので復興に貢献したいという思いと、生命科学は関西の方が進んでいる印象でしたので。

名倉：「医師」という明確な形からスタートしたというよりも、研究関連で進路に悩んでいた際に医学部編入という選択肢が浮上したのですね。

榎木：まさにその通りです。研究の環境や金銭面も含めて総合的に検討した結果、医学部編入は当時の私にとって理想的な選択肢でした。

2、医学部編入制度、今と昔でどう違う？

名倉：当時の医学部学士編入制度についてお伺いいたします。現在は、どの大学も概ね10〜20倍程度の倍率で、かつほとんどの大学が2年次学士編入という形です。榎木先生が受験された2000年頃は、学士編入試験競争も熾烈を極める状況であったと耳にしま

すが、当時のことについてお聞かせください。

榎木：当時の状況としては、1975 年から編入試験を実施していた大阪大学以外の選択肢はあまりありませんでした。私が受験をする 2 年前に島根医科大学（現在の島根大学）と群馬大学が医学部編入制度を始動させましたが、1 年目は群馬大学が 169 倍に達するなど凄まじい倍率だったと聞いています。文系の方も入れるということで人が殺到したんでしょうね。

　　　私が受験する頃には 25 ～ 70 倍程度に落ち着いていましたが、やはり国立大学の医学部編入試験は運の要素も強かったんじゃないかなと記憶しています。

名倉：当時は、現在の河合塾 KALS のように、医学部編入をサポートする組織は存在していたのでしょうか？

榎木：全く存在せず、独学を強いられていました。まだ予備校も参入していませんでしたね。大阪大学は当時学生の有志が過去問を販売していましたが、学士編入学の初年度の大学もあり、当然過去問は存在していません。当時は SNS などもない状態で、インターネット上の掲示板が唯一と言っていい情報源でした。そこで仲間を探して交流し、時にオフ会をしながら、地道に情報交換をして励まし合いながら勉強していました。文字通り手探り状態でしたね。

名倉：倍率、環境ともに現在とは比べ物にならないですね。その中で 3 校合格された榎木先生の御実力が伺えます…。

3、医学部学士編入を経た医師の活躍は？

名倉：熾烈な受験競争を勝ち抜き、医師へと転身された方の進路についても気になります。2005 年に発表された調査『大阪大学医学部学士編入学制度 30 年の総括』[1] によると、

　　　・一般学生との比較で学士編入学生の方が基礎医学系に進む割合が高い。

・一般学生と比べて教授や病院長などの管理職を務める率・開業率が高かった。

・理科系出身で目的意識が明確で有能な人材を集めて、指導的立場にある卒業生を輩出できている。

との結果が得られております。この結果は大阪大学のものですが、先生の周囲や「長老会（榎木医師が運営する医学部学士編入を果たした人のコミュニティ）」に参画する医師を見て、何か傾向や特徴は見られますか？

榎木：周囲を見ていると、アカデミア領域で成功する人はそれほど多くはないですね。どちらかといえば、臨床現場で活躍し、病院に勤めたり、開業したりする人の方が多いように思います。大阪大学等の一部の大学は例外で、教授を輩出していますが、医学部編入された方全体を見ると、やはり臨床現場の進路を選ぶ方が多数派ですね。

特徴としては、ユニークな方がたくさんいらっしゃいますね。一般の勤務医・開業医であるだけでなく、情報発信を行う、SNS やメディア等にも影響力を持っている方も多いです。総じて、社会に対して発信を行っていくという点が特徴付けられるような気がします。

学士編入者は、一度大学で学び、働く中で社会を見てきた人たちですので、医療制度・医療と社会の関係性における課題に気づき、それを解決するべく行動・情報発信していく方も少なくないです。これは学士編入制度や再受験を実施して医師を輩出するメリットの１つであるように思いますね。

名倉：再受験、という言葉が出ましたが、榎木先生の周囲をご覧になって、編入医師と再受験医師の活躍に違いを感じますか？

榎木：実のところ違いはほとんどないと思いますよ(笑)。私の作った「長老」の中には編入生と再受験生の両方がいますが、違いは感じ

ません。私の感覚ですが、学士編入試験を受けて受からなかった場合再受験をされている方が多い印象ですので、結局のところ受験層が重複しているのだと思います。

名倉：確かに、社会を経験してきたというこの意味では再受験生も学士編入生も同じですよね。入試形態が違うだけだと捉えるべきですね。どちらも、医学部に入る前の経験や視座を生かして活躍されているということが分かり安心しました。

4、医学部編入制度、今後はどうなる？

名倉：この間まで受験生であった私としては、2020年9月に実施された『シンポジウム－徹底討議　医学部学士編入制度を考える～新型コロナ下で求められる医師養成とは～』は、医学部学士編入学制度を考える上で欠かせないと考えております。

この中で一部、「この制度は期待した成果を得られていない」と言う辛辣なコメントもあり、一部の大学では制度自体の存続について検討していることが話題になりました。このシンポジウムに参加されていた榎木先生としては、どう考えていらっしゃいますか？

榎木：まず、名倉さんの進学される大阪大学は例外のようですので少しは安心してください（笑）。重厚な学力試験を課していますし、2021年現在の医学部の教授の中には、学士編入を経て医師になられた先生もいますし、学士編入制度の意義については十分理解されていると思います。

その上で、多くの大学で学士編入学制度が問題になっている理由の1つには、成績の問題があるようです。文系卒で入学された方が授業についていけず、国家試験の合格率が悪かった、ということがいくつかの大学で起こっているようで、「学力が追いついていないんじゃないか？」という議論が巻き起こっているのではないかと思います。

また他の理由として、学士編入生を5人程度入れたところで、合計100人の医学部の中では一般生の中に埋もれてしまい、「多勢に無勢」で独自色や一般生への影響を与えることができていないのではないか？という点があるかと思います。他の一般生に埋もれてしまっては、「ただ歳をとっているだけの学生」になってしまいますからね。場合によっては、年齢を重ねていることによって、現役生に悪い遊びを教えてしまうのではないか、という危惧の声すら聞きます。

さらに、卒業後の進路を見てみると、大学側が期待したような結果になっていないということも挙げられますね。基礎研究者を養成するために募集したのに、最終的には勤務医、大学外での開業医となってしまうと、当初の算段とは違うよな、となってしまう訳です。

名倉：1つ目と2つ目の問題は難しいですが、3つ目の進路に関しては、お金の問題もありそうですよね。学士編入生は現役生よりも最低4年以上年齢が上なので、ある程度の歳になっても生活のためのお金が稼げないのは少々厳しいものがあります。研究医よりも収入を得ることのできる蓋然性の高い、勤務医や開業医に進む方が出てくるのは、構造的な問題も孕んでいそうです。

榎木：私も同感です。とはいえ、これらの理由から、2000年代初頭に医学部学士編入制度に期待していたような成果を得られていない、という見方が、医学部の教育関係者の中で見られるようになったのは事実として受け止めなければならないと思います。

名倉：今後入学する私たちにとってはなんとも心苦しいですが、今後の医学部学士編入制度はどうなっていくとお考えですか？

榎木：医学部の入学制度自体は、今後どんどん地域枠が増えてきたりと、まさに変動している時期ですね。ただ、学士編入学制度を語る上で欠かせないのが、「メディカルスクール構想」です。

名倉：メディカルスクールといえば、欧米で置かれている医学の養成機関のことですよね。

榎木：その通りです。一旦社会人等を経験した方のみで構成され、医師を養成する専門職大学院のことです。構想としては学士編入に近いですよね。メディカルスクールを日本においても設置しよう、という構想は2000年代からあったようですが、非常に難航しています。

というのも、新しい医学部を設置するのは、わが国では非常にハードルが高いのです。東北医科薬科大学と国際医療福祉大学が数年前にできましたが、それ以前には数十年間医学部の創設はありません。現在存在する医学部をメディカルスクールに移行するにも、学内の方の賛成を得るのが非常に難しいようです。メディカルスクール構想を掲げる方はいらっしゃいますが、多数派が反対しているためになかなか上手くいかないようですね。

学士編入学制度に近いこの制度が上手に実現できていないという現状を踏まえると、今後学士編入制度の枠が拡大していくとは少々考えづらいですね。そのため、編入に関しては現状維持または縮小傾向、医学部への道としては再受験の方にシフトしていくのではないかと思います。近年、某医科大学の女性・浪人差別問題もあったため、年齢や性別による差別は減少していくと思われますが、学士編入制度そのものの拡大は難しいと考えます。

先ほども申し上げた通り、編入生を入れるマイナス面が見えてきた反面、期待した効果は得られていないようですし。

名倉：とはいえ、学士編入生を入れることによるマイナス面（成績の問題や一般生への悪影響、卒後進路）は数年〜5年程度の比較的短いスパンで見えてくるものの、プラス面（学術的な業績や、他分野と融合した医学的な貢献など）は、学生が指導的立場になる数十年先にならないと見えて来なのではないかと思います。

榎木：まさに私も同様の意見を持っています。学士編入制度を短期的で評価して良いのか？という問題はあるかと思います。人材育成というのは長い時間がかかるものですので、少なくとも 30 年くらいの中長期を経てから評価するべきです。その意味でも、学士編入学制度はせめて「しばらく様子見」の状態で制度を維持する形を取るのが合理的なのかな、と考えています。

5．医学部編入の意義とは何か？

名倉：それでは改めて、医学部編入の社会的意義はどのようなものであるとお考えですか？

榎木：医学部や医師の世界は homosocial な空間です。男性で、似たような経歴を持った人が集まる、多様性のない空間であることが多いです。学士編入というのは、そこに「多様性」というスパイスを入れるものであると考えています。学士編入学生の出身には東京大学の理系出身者や、薬学部出身者が多いという偏りはありますが（笑）。ともあれ、現役で医学部に進学し、医師になった方々とは違う多様な視点で、今まで医療が「当たり前」と考えていることを疑い、問題を投げかけることができるというのが、学士編入の意義であり、医学の発展に繋がるものだと思います。

例えば、今回の新型コロナウイルス感染症のような未知の状況においては、紋切り型の対応だけでなく、多様な経験や視座に基づき、行動・情報発信することができる人材が重要です。そのような場面で、医学と社会との関係を理解している学士編入医師が活躍する可能性は大いにあると思います。

名倉：学士編入を経て医師となられた先輩からそのような力強いお言葉をいただけて嬉しいです。ただ、先にも話題に上がりましたが、「多様性」で表現される社会的意義が必ずしも評価されていない可能性もあり、そこが今後の改善点ですよね。

榎木：そうですね。「多様性」を生かすも殺すも受け入れる大学次第な
　　　のではないかと思います。やはり医学部は閉じた社会であり、学
　　　士編入学試験を実施しながらも、実際的にはあまり多様性を求め
　　　ていないのではないか、と感じることが多々あります。学士編入
　　　生が少し目立つことをすると、大学当局との衝突に繋がることも、
　　　「期待通りの成果を生まない」「あの人は他の学生に悪い影響を与
　　　えている」と辛辣な評価をされることもあります。
　　　　しかしながら、やはり私は閉じた社会に「多様性」のスパイスを
　　　加えることは有意義だと考えております。また、医学部編入は学
　　　生・大学側双方にメリットのある制度だと信じています。両者が
　　　お互いの立場と意義、使命を理解し、相乗効果を生めるようになっ
　　　てくると、この制度もさらに意義深いものになるのではないかと
　　　思いますね。
名倉：今後入学する我々も、この相乗効果に寄与できるように努力しな
　　　ければならないな、というのが率直な思いです。
榎木：そうですね。卒業して医師免許を取るためには多少仕方ない部分
　　　もありますが、完全に一般生と同化してしまっては、学士編入生
　　　の枠を用意している意味がありません。学士編入をした医学生、
　　　また今後する予定の人には、自分たちが使命を課せられて医学の
　　　道に入った、または入ろうとしていること、そして最初の志や問
　　　題意識をぜひ忘れないでほしいです。私たち編入医師も、後輩た
　　　ちが良い環境で学び、発信することができるような土壌を作れる
　　　ように頑張ります。
名倉：私も4月から医学生ですが、肝に銘じてしっかり勉強いたします。

6、終わりに

名倉：最後に、現在医学部編入を目指して勉強している受験生や、少し
　　　でも「医学部学士編入」が頭の片隅にある方に向けて、エールの

メッセージをいただければ幸いです。

榎木：医学部学士編入試験は、20年前に比べたら倍率は下がったものの、まだまだ非常に難しい試験かと思います。高い倍率の試験ですから、当然うまくいかないこともあります。しかし、医療に少しでも問題意識があるのであればぜひ挑戦してほしいです。

ただ、挑戦するのであれば年限を決めてください。医学部編入や再受験はサンクコストの大きい挑戦であり、途中で撤退できなくなる方が多くいらっしゃいます。途中で降りても、医師を志したことが無駄になるわけではありません。また、再受験を「1年生からの学士編入」と考えて候補に入れることも、戦略上は重要です。その上で、皆さんが学士編入すれば、あなたの多様な経験が医学部や医療を変えていくことができます。今後、様々な背景の方が医学部の門戸を叩くことを私は非常に歓迎します。使命と期待を胸に、ぜひ勉強や研究を頑張ってください。

名倉：私も、色々な背景の方が医学部に入学し、医療の問題に切り込んでいっていただけるといいなあと思っております。本日はどうもありがとうございました。

インタビュー / 編集：名倉慎吾

1) 清原 達也, 渡部 健二, 野口 眞三郎・他. 大阪大学医学部学士編入制度 30 年の総括. 医学教育 2005; 36（4）: 259 ‐ 64

付　録

・徹底対談！
　医学部編入のリアル

・2021 年度医学部学士
　編入試験カレンダー

　ここまで、医学部学士編入とはいったいどのようなものか、既に受験勉強を始められている方や、本書を手にして初めて興味を持たれた方にとって、少しでも役に立つ情報をお届けしてきました。

　しかしながら、さらに「生きた情報を読者の皆様にお伝えしたい」という思いから、本書の著者10名で医学部編入をテーマに対談を実施し、その内容を付録として収録しました。医学部編入をさらに掘り下げるのみならず、合格者の素顔も垣間見える内容となっています。是非、お楽しみください。

―テーマ―

1、どうなる!?　医学部編入の未来
2、編入試験を通じて得られた副産物
3、もっと知りたい！　合格者の素顔

1、どうなる!?　医学部編入の未来

【対談メンバー】

▶大崎千尋（おおさき　ちひろ）

　九州の離島生まれ。私立薬学部卒業。薬剤師、大学助手、薬学博士。2020年5月に一念発起し、30代前半で医学部学士編入に挑戦。2020年10月に鹿児島大学医学部に合格し、夫と愛猫と鹿児島に移住。趣味は飼い猫と遊ぶこと、動物や海洋生物のドキュメンタリーを見ること。

▶加我友寛（かが　ともひろ）

　北海道生まれ。北海道大学医学部保健学科看護専攻卒業。看護師として関東労災病院での4年の臨床経験を経て在宅医療充実の必要性を痛感し、訪問診療医を志す。2020年に病院を退職し、同年9月に愛媛大学医学部に合格。現在は看護師から医学部に合格した経験を、ブログやSNSを通して発信している。趣味は革細工と釣りと料理。

▶土橋　航（どばし　こう）

　東京生まれの帰国子女。早稲田大学政治経済学部卒業。元銀行員、元会社経営者。利益よりも社会貢献を主眼とした仕事に魅力を感じるようになり、その中でも最も魅力を感じた医師を目指すことを決意。病院で働きながら勉強し、1年後に岡山大学医学部に合格。趣味はスイーツ開拓とゲーム。MENSA会員。

【対談】

大崎：今日は、「今後の医学部学士編入の動向について」というテーマで語っ

ていこうと思います。加我さん、いきなりで申し訳ないですが、何か見解がありましたら教えていただけますか。

加我：おそらく大方の人が同じ意見かと思うのですが、学士編入の定員は、現状維持か、少しずつ減少していく傾向だと思っています。その理由としては、医学部編入生がそれぞれの大学に求められる役割があると思うのですが、それらは客観的に評価しにくいものだと考えるからです。大阪大学など医学部編入生の属性や卒後の進路などについてデータベース化し、論文として発表されている大学もあるのですが、全ての大学がそのようにしっかりデータを取って結果を出しているわけではないと考えられます。どうしても学士編入生に求められる期待値が高いだけに、1人でも留年者が出たりすると「やっぱり編入生はダメだ」となってしまい、「定員を減らしましょう」という話が出てしまうのではないでしょうか。

大崎：定員枠がどんどん減るってことですね。全国的に。実際に減っていますしね。千葉大学は一昨年に編入制度自体なくなりましたし、名古屋大学も確か減らす方向でしたね。土橋さんはいかがですか。

土橋：同じような意見ですが、付け加えることがあります。まず、厚生労働省は医学部の定員を減らそうとしています。賛否両論ありますが、早くて2029年または2032年以降は医師が過剰になると一部で言われています。個人的には、高齢者人口はむしろ増えると思っているので甚だ疑問ですが…。

また、医師の偏在問題があります。2020年9月に東京保険医協会が開催した医学部学士編入シンポジウムのデータを見ると、学士編入生は地域枠入学でなければ一般生と同程度に地域に残らないようです。医師の偏在問題解決という観点では、現状の学士編入制度はあまり助けにならないようです。そのため、学士編入の地域枠は今後増加する可能性があります。そして一般枠は横ばいか、少し減るか、そういう感じになると思います。

大崎：なるほど。ということで、定員はこれから現状維持しつつ、徐々に減っていくという流れになるというのが、2人の大方のご意見ですね。

加我・土橋：はい。

大崎：今、米国の方では医学部の志願者が増えているというニュースを見ました。「ファウチ効果」といって、ファウチ博士が新型コロナウイルス対策で活躍する姿を見た米国の高校生がこぞって医学部を志願してい

るという内容です。米国の方々はもともと愛国心が強い傾向にあるので医学部志願の学生さんが18％ぐらい増えているとのことです。日本の場合は、新型コロナウイルス問題は志願者に影響すると思いますか。

加我：そうですね。私としては志願者は増えると思います。その根拠としては、今回新型コロナウイルス感染症によって日本も含めて世界的に不況となっていますが、その中でやはり失業した人も多かったので、「安定した仕事を見つけたい」と思う人がいるだろうというのが一つ。そう考えると、医療職は食いっぱぐれることはないでしょう。二つ目はやりがいですね。自分もそうだったのですが、30歳手前とかになるとやはり人生の今後について考える人も傾向としては多いかなと思うんですね。その中で、本当にやりたいことはなんだろうと自問自答した時に、「人の命を助けたい」と考える人は少なからずいるはずです。以上の理由から、現在の新型コロナウイルス感染症による情勢も、そういった考えの人を増やすような方向に加担しているんじゃないかなと思いました。だから、志願者は増えるのではないかと思います。

土橋：私も同意見です。感染症等で不景気になると、公務員とか銀行員とか、安定しているイメージの仕事に人が集まるのは世界共通で見られる傾向です。医師も安定的なイメージが強いので、志願者は増えると思います。

大崎：私も実は医学部を受けようとなったきっかけは新型コロナウイルスでした。私のような人も、来年また受けてくるのかなと思うので、今年以上にもしかしたら増えるかもしれないですね。しばらくは医学部編入試験の人気は衰えないだろうというのが、私たち3人の予測ですね。

土橋：そうですね。あと、恐らく定員は大きくは減らないと思います。今、全部の大学の学士編入の合計枠は210人ほどですが、すぐに200人以下になるかと言われたら、そんなに急には下がらないのではないかと思います。編入生を5人しか採らない大学が多い中、定員5人の大学がさらに4人、3人に減らすかというと、大半の大学は5人を維持すると思います。本当に学士編入生に興味がない大学は、現時点で編入試験を実施していませんから。

大崎：私が受験して思ったのですが、学士編入の大学へのメリットを考えたんですね。そしたら大学へのメリットが、どんなことがあるか1人では分からなくて。多様性を求めて大学は医学部編入をやっているのでしょうか。

土橋：やはり多様性への期待はすごく大きいと思います。加えて、他の学生を引っ張っていくリーダーシップを発揮すること、社会に出てから医師以外の職種の人とのコミュニケーションを改善すること等も期待されていると思います。

大崎：そしたらやっぱり私達も含めて、編入で入った人たちは、そういうことを期待されて入学をすることを自覚しておかないとですね。

加我：そうですね。それに加えて、地域枠選抜入試を実施する大学がいくつかありますが、そのような大学では、やはり編入からもその地域に残って欲しいという想いがあると考えられます。全ての大学には共通してないとは思いますが、編入生の役割として、先ほど土橋さんも申し上げられた「地域の医師偏在問題を解決する一手になる」ことも求められていると感じますね。

土橋：先に述べたシンポジウムで入手したデータから、付け加えておきたいことがあります。「一般生も学士編入生も成績は変わらないし特別優秀に見えない」という意見があったそうですが、弘前大学はちゃんと数字でデータを分析していて、グラフにすると学士編入生は一般生よりも成績が良い傾向があることが分かりました。また、「授業や実習にも積極的な人が多い」、「ずっと前の席で授業を聞く」、「なんとなく大学したわけではなくちゃんと目的意識を持って入った人が多い」、「一般学生に良い影響を与えている」、等と編入生を高く評価してくれています。逆に、編入生が期待に応えられなかった一番の点は、あまり地域に定着しない所でした。これも、地域枠を除いた一般生と比較すると、定着率は同程度だそうですが。

大崎：学士編入の良い所って、受験日が大学で違うから北から南まで受けるわけじゃないですか。そして、結局受かった所に行って、自分の地元じゃない所に行く。卒業後は地元に帰ってしまって、地域に定着しないっていうのがデメリットとして起きてしまうのかと思います。だから、これから編入生と医学部全体が、その点をどう改善していくかという話になりますよね。

土橋：そうですね。『ヤバい医学部』という本で読んだ話ですが、研修医が自分の出身大学の地域に残る割合は低いが、初期研修をやった地域に残る割合は高いそうです。だから、大学が本当に地域に残る人を増やしたかったら、「初期研修は○○県内の病院でやること」のような誓約書を書かせるというのが一つのやり方だと思います。実際にそれをやっ

ている大学もいくつかあります。ただ、契約ではなく単なる約束というか、一応書面は残すけれど、破った場合のペナルティが明記されていないようなのです。結果として、拘束力が弱いようです。

大崎：なるほど。手段としてはあるってことですね。

土橋：私が大学側だったら、ペナルティも明確にした契約書という形で地域の医師を確保する方針でやればいいじゃん、と思ってしまいますね。

大崎：地域にありますよね。奨学金の形で学生時代にお金を貸与して、ある程度働いたらチャラにします。ただ地域で働かなかったら全額返すっていう。あれぐらいのペナルティでもあったら残りやすくなりますよね。強制力がすごくあるので。

土橋：地域の奨学金制度も、地域の医師を確保する上で有効だと思います。結局、大学は人が作って人が運営している組織ですし、地域のニーズがあるのも間違いないから、医師の個人的な自由ばかりを主張したら医療制度は成り立たない。逆に、国や大学が強制力を主張しすぎても医師の自由が失われ、バランスが悪くなります。誓約書や奨学金の条件等で、国と地域の意向を汲む大学側と個人の間でうまく落とし所を見つけていく、というのが現実的な社会の在り方だと思います。

大崎：なるほど。それでは、最後に何か言っておきたいことはありますか。

加我：編入は今後枠が減っていくかもしれないですが、一般受験、つまり再受験される方については、各大学で性や年齢での差別はなくなってきているので、合格しやすくなる方が増えるかもしれないですね。

土橋：データによると編入生は一般生よりも女子学生の割合が少ないらしいです。

大崎：何かあるんですかね、女性で編入試験を受ける人が少ないっていうのもあるんじゃないんですかね。

土橋：手元のデータではそこまでは分かりませんでした。しかし、合格者に占める女性の割合よりも実際の受験会場にいた女性の割合は高かったので、今後は女性合格者が増えるかも分かりません。最後に付け足しておきたい点ですが、編入試験の定員数は減るかもしれないけれど、定員（合格枠）が少々減ることを気にするべきではありません。仮に210人の定員が180人に減るだけで受験を辞めたくなるのであれば、少し厳しくなるとすぐに諦めたくなる程度の志望度しかなく、医師への強いこだわりがあるとは思えないからです。いきなり定員が100人未満に減るなら諦める気持ちも分かりますけど、これは非現実的な仮

定です。定員の少々の増減は気にせず、まっすぐに本気で目標を勝ち取って欲しいです。

大崎：なるほど。私が最後に言いたいのは、国立大学の医学部に行っていた友達は、編入で来る人たちはめちゃくちゃ優秀な人が多くて、ちょっと別格扱いされるって聞いてので、医学部長のアンケート結果がそうではないと考えられる先生が多いと聞いたのでびっくりしました。

土橋：大崎さんが言ったようなことは、私も医師から聞いたことがあります。だから、医学部長と、編入生と一緒に過ごした医学部生の間で少しギャップがあるなと思いましたね。

大崎：医学部長までは実態が伝わりにくいのでしょうか。分からないのですけど……。

土橋：アンケートの結果を見ると、編入生が地域に定着していないとか、期待に応えられなかったところに目が行きがちなのではないかと思いますね。

大崎：捉え方が、実際に一緒にいる人と医学部長でちょっと違うのかもしれないですね。それでは時間になりましたので、本日の対談はここで終わらせていただきます。ありがとうございました。

加我・土橋：ありがとうございました。

２．編入試験を通じて得られた副産物

【対談メンバー】

▶**市川雄基（いちかわ ゆうき）**

　横浜生まれ、ほぼ東京育ち。東京大学法学部卒業後、公的研究機関の広報担当として３年間勤務。現職で担当している記者発表や問い合わせ対応などを通じて生命科学の面白さ・医学の重要性に気付き、医師になることを決意。仕事を続けながら勉強し、2020年７月岡山大学医学部に合格。生えかけの親知らずに困惑中。ギターを弾く。

▶**河井実来（かわい みく）**

　名古屋大学農学部卒業。営業職としてIT企業を４社経験。大学時代からの人生のテーマである地域活性化と自身の闘病体験から医師を志し、2020年10月鹿児島大学医学部医学科合格。趣味は仕事と作詞作曲で、入学後はサラリーマンと医学生の両立に励む予定。

▶名倉慎吾（なぐら しんご）
　愛知県生まれ。東京大学薬学部卒業。薬剤師。地域医療への関心と家族の闘病をきっかけに、大学卒業直前に人生の目的を見つめ直し、医師を目指すことを決意。卒業後は薬剤師として働きながら医学部編入試験を受験、2020 年 8 月に大阪大学医学部に合格。趣味はウォーキングと鉄道と数学。好きな諺は「思い立ったが吉日」。

【対談】
名倉：今回の対談に集まった 3 人はそれぞれ社会人経験がありますね。医学部編入を受験するようになり、市川さんは仕事上への影響などありましたか？

市川：医学部学士編入を目指してから、特に生命科学系の研究成果について、社会に対する意義を強く意識するようになりました。そこから、医学部受験で有利になったという主産物のほか、副産物として、研究成果が 10 年後・20 年後に社会に対してどのようなインパクトを持ちうるかという観点からプレスリリースを読み込むようになりました。その結果、生命科学系以外の研究成果についても、より良い形で記者に噛み砕いて届けられるようになったと思います。医学部受験を意識し始めて間もない頃、AI を使った心疾患の診断に関する研究成果の記者会見を担当しました。その研究者は医師でもあり、会見後のぶら下がり取材で、画像診断の技術が医師間でも地域間でも差がありその格差を埋めたいとおっしゃっていました。当初、私は「医療格差」は単に各地域の人口に対する医師数の違いなんだろうくらいにしか考えていませんでした。しかしこの会見をきっかけに、「医師の数」以外の色々な形の医療格差について意識するようになりました。このように、プレスリリースの社会的意義といった問題意識をもって業務にあたれるようになったのは、医学部受験の副産物の一つだと思います。

名倉：業務で多くの情報に触れる際に、医学部編入の勉強をしていたお陰で医療課題に対する問題意識をはぐくむことができたと。

市川：はい。医学部受験をしていなければ、こうした問題に気が付くこともなく、「こんな研究成果がありました」で終わることも多かったかもしれません。

名倉：河井さんは、医学部受験が業務でも活きた経験はありますか？

河井：全面的に活きました。私も、仕事をする中で医療に関するアンテナが鋭敏になり、今までと違う視点で考えられるようになりました。私が

担当していた一つの薬剤は、診断率が低い疾患の治療薬でした。医学部受験を通じて、マーケティング的な観点ではなく、患者のために、診断率を上げるにはどうしたらいいかを深く考えるようになりました。これを元にした提案が顧客に素晴らしいインサイトを与えたと評価され、人事評価も良好でした。

名倉：一歩進んで「最終的には患者のため」という目的意識を持ったことにより、人事評価まで上がったと。

河井：そうですね。業績を意識しなくても、患者や顧客の医療課題解決に直結する企画を発案できた結果、最終的には人事評価にも繋がるというダブルの結果が出せました。名倉さんはいかがですか？

名倉：私は薬剤師として働いていて、薬局や特別養護老人ホームなどでは看護師や医師とも関わっています。医学部学士編入を目指してからは、より周囲の医師を観察するようになりました。また、臨床における薬剤師特有の目線とはなんだろうか？　と考えるようになりました（飲み始めた薬をいつやめるか、など）。これらの疑問や目線を持って医師になることがとても重要なのだろうなと思います。お2人とは違って臨床的な話にはなってしまいますが、視野が広がり、仕事はやりやすくなりましたね。

市川：3人とも、形は違えど、医学部受験によって業務での視野が広がったというか、俯瞰して業務にあたれたというか。ただ業務にあたるのではなく、別の視点から業務を見られるようになった、という経験が得られたんですね。河井さんのお話について、必ずしも市場原理でカバーしきれないところにも目を向けることができたと。患者さんからすればとても重要なことではないでしょうか。

名倉：それこそが、医学部編入でビジネスマンも取っている一つの理由なのかなと思いました。さて、少し話題の軸を未来の方に伸ばしましょう。私達は20代、30代で入学することになります。現役生とは少々年齢が離れることになりますが、人生の時間感覚などに対して、医学部編入試験を経て変化はありましたか？

市川：人生の残り時間が限られていることを強く意識するようになりました。初めての大学受験の頃には、人生なんてまだまだ長いと思っていましたが、一度今のキャリアを降りて再度一から積み直すと考えると、新たな仕事を追求するための時間がどれくらい残っているのかを、否が応でも意識するようになりました。

修を終える頃には、30代後半になっている。そうやって逆算をして考えると、これから相当有意義に過ごさないと何もできずに終わってしまう。このように逆算して考える機会を得られたのは、医学部編入を受験したからこそですね。

名倉：全面的に同意です。時間が限られていることを意識すると、自分のやりたいことを「医師になってからでしかできないこと」「医師になる前からできること」に切り分けて、優先順位をつけることができるようになりました。

河井：具体的に、医学生のうちからやりたいこととかあったりするんですか？

名倉：私が医師を目指すきっかけになったのは、間質性肺炎という疾患です。現在は、明確な治療法がないだけでなく、ネット上でも情報を得ることが難しいという課題があります。これについて、患者さんと一緒に情報発信をしていこうと考えているところなのです。医師の目線での発信や、診療に近い行為、診療の知識から得られる情報は医師になってからしかできませんが、逆にそれ以外のことは医学生からでもできます。今からでも医師と組むなどすれば意外とできることは多いのでは？　と再確認しました。これも、人生の時間の短さを考え直したからこそです。

市川：きっと薬剤師としての知識や経験も生きているんですね。私も、一度社会人を経験して思うのは、社会人は学生の時に比べてできることの幅が非常に広いということ。いつの間にか、学生の時には想像もしていなかったことができるようになっていることに気づきました。一度社会人のそういった目線を経て学生生活に戻ることは、有意義な学生生活を送るために非常に役に立つんじゃないかなと思います。

河井：私はちょっと逆の視点です。以前『LIFE-SHIFT』（東洋経済新報社）という本を読んだんですが、私は多分130歳くらいまで生きることになりそうです（笑）。そう考えると、サラリーマンを続けて65歳で定年！　それってまだ折り返し地点じゃん！　と思うようになりました。定年等を考えずに、人にもっと徹底的・直接的に役に立つ仕事をしたいなと考えた時に、医師って魅力的だなと。反面、自分と同い年の医師は、自分が医師になる頃にはキャリアが15年以上ある訳で、選ぶ診療科などはじっくり考えなきゃいけないなと思いました。現役の方とは違う視点の課題感があり、かつ自分の力を発揮できる所で活躍したいで

すね。

名倉：「各個人が社会人や前の学生生活を経て得た課題感を生かす」というのは医学部編入の趣旨に合致しますし、それもまさに求められている部分なのかなと思いますね。

河井：私たちが寿命を迎える頃には、日本人は今よりもっと長寿になっているんじゃないかと思いますし、どう過ごすかはしっかり考えたいですよね。

市川：私は逆に、もう人生の約1/3が終わっているのだから、受験するなら今しかないと思い立って医学部編入を受験しました。河井さんと私は人生の長さに対する見方が逆なのに、結果として2人とも医学部学士編入、という所に辿り着いたのは非常に面白いですね。

河井：人生の長さに対する考え方は違えども、人生の終わりはいつか？　を考えるようになったのは共通していますよね。これはきっと多くの学士編入受験生が得られた副産物なんじゃないかと考えています。

名倉：人生の長さに対する捉え方の話がありましたが、それらを踏まえて、ご自身の中で考え方の変化はありましたか？

河井：考え方の変化は色々ありました。交友関係を「断捨離」しただけでなく、仕事の無駄な深追いをしなくなりました。それなのに逆に仕事の評価が上がったので、これまでの仕事はもしかしたら「やっているふり」な部分も含まれていたのかなと思いました（苦笑）。

市川：同意します。頑張ればそれに比例して評価が上がるわけではないですよね。「時間をかけることが美しい」とは思わなくなり、労働力という資源の配分が上手になったように思います。仕事外の生活全般においても同じで、時間と気力と精神力は有限な資源であることに気づきました。特に、仕事と勉強を両立していると、両方に全エネルギーを注ぎ込むことは難しい。両立するために、時間や精神力の配分の均衡点を見つけるようにしていました。この「勘所」を探すのが上手になったのは、副産物と言えますね。

名倉：河井さんが先ほどおっしゃっていた「交友関係の断捨離」についても、この資源の配分の観点から導かれるものですか？

河井：まさにその通りです。一番優先順位が高いのが勉強、次に仕事、と配分する中で、全ての交友関係に時間やエネルギーを注ぎ込むことは不可能だと気付きました。自分がいなくても成立する交友関係、ただの人数合わせのようなものには行かなくなりましたね。そういった関係

でも、今までは断ることに気が引けていましたが、医学部編入を目指すようになってからは躊躇なく断れるようになりました。理由すらも伝えずにね（笑）。

名倉：今は減ってきましたが、医師への過剰接待の問題も世の中にはあります。交友関係をしっかり取捨選択して、時には断るという能力、医師には重要なものかもしれませんね（笑）。

河井：間違いないですね。名倉さんも、編入試験で断ち切れたものがあったりしますか？

名倉：交友関係ではなく精神的な話ですが、「意味のない慢心」は編入試験を経てすっかりなくなりました。

お恥ずかしい話ですが、高校卒業して東大に合格した直後には、「自分は他の人よりも能力が高いんじゃないか？？」という謎の無敵感を持っていました。この無敵感から来る慢心は、いざ東大で過ごしてみると殆どなくなりました。とは言え、6年間も同じ環境にいると謙虚な姿勢も薄れてきがちなもので、それを今回の受験で叩きなおすことができました。学士編入学試験に合格された方を見ていると、非常に短期間で合格された人、合格後も様々な社会的活動をしている人など、自分より遥かにすごい人がたくさんいます。それを見て、慢心って恥ずかしいなと再確認しました。

市川：私も、合格後の無敵感は東大に入ってすぐに打ちのめされました（笑）。今回の受験では、文系出身だったのもあり、学士編入界隈の中ではアウトサイダーだったので、慢心というよりも「合格できるのかな？」といった恐怖からのスタートでした。

名倉：人間は定期的にそういった刺激を受けることが必要で、編入試験は非常に良質な刺激の材料ですよね。そして、「受験における副産物」というテーマでお話ししてきましたが、私はこの対談ができていることそれ自体が副産物なのかなと思っています。この対談は、合格をきっかけに生まれた医学部編入生のコミュニティに多くの方が集まってくれたことによるものです。50人以上の様々な志を持った方と出会い、コミュニケーションを取ることは素晴らしい刺激になります。この出会いと環境こそが、医学部学士編入を受験したことによる最高の副産物です。これからもこの繋がりは本当に大切にしていきたいですね。

市川・河井：心から同意します。今後ともよろしくお願いいたしますね。

3、もっと知りたい！　合格者の素顔

【対談メンバー】
▶小堀貴之（こぼり　たかゆき）
　茨城県生まれ。慶應義塾大学大学院理工学研究科修了。途中2年間フランスへ留学。30前半の元プラントエンジニア。ある研究テーマに偶然出会い、それに医師として関わる意義を実感し、医師業への転向を志す。約1年間の受験期間を経て岡山大学医学部に合格。「いつも笑顔」をモットーに日々生活。
▶高橋麻衣（たかはし　まい）【仮名】
　山口県生まれ。2021年3月慶應義塾大学法学部卒業。大学入学後程なくして、かつて抱いていた医師になりたいという思いが再燃し、医学部学士編入試験の受験を決意。大学2年次から勉強を始め、4年次の2020年9月に山口大学に合格。趣味は筋トレと、YouTubeで好きなアイドルグループの動画を観ること。
▶中戸亮介（なかと　りょうすけ）
　岡山県生まれ。岡山大学薬学部卒業。製薬企業にて医薬品の安全性管理業務に従事するも、家族の病気がきっかけで医学部学士編入を志す。2020年10月に神戸大学医学部に合格。趣味は山登り。思い出の山は夏の槍ヶ岳。
▶山本剛士（やまもと　たけし）
　関西生まれ。九州歯科大学歯学部歯学科卒業。歯科医師。歯科麻酔認定医。2020年4月から本格的に受験勉強を開始し、同年10月に鹿児島大学医学部に合格。現在は、休日のみ歯科医院に勤務。好きな食べ物は、カレーとドーナツ。

【対談】
中戸：このメンバーでは、お互いの体験記を読んで気になったことを掘り下げ、さらに合格者の素顔に迫ることができればと思います。よろしくお願いします。
小堀・高橋・山本：よろしくお願いします。
中戸：思えば、今回のメンバーは全員KALSに通っていたんですよね。
小堀・高橋・山本：そうそう！
中戸：山本さんは新大阪校、小堀さんと僕は新宿校で、高橋さんは……。
高橋：私は通信ですね。
小堀：12月に講義動画の視聴が終わって、それからは自主学習をしていたって感じですか？
高橋：そうですね。本当は2020年度実施試験対応の小論文と英語の講座を

　　　取ろうかとすごく迷ったのですが、予備校に通うとなるとまた何十万
　　　円ってかかるので自主学習を選びました。

山本：自学自習での勉強は、モチベーションを保つのが難しそうですね。高
　　　橋さんはどうやってモチベーションを維持したのですか。ちなみに、
　　　僕は半年しかモチベーションが持たなかったです（笑）。

高橋：（元々）高校時代に医師を目指していて、医学部に挑戦して落ちていた
　　　らまた話が違ったと思うのですが、そもそも挑戦せずに受験から逃げ
　　　るように違う道を選んでしまったということで、そこにすごい後悔が
　　　あって。もう本当にすごい後悔だったので。「絶対同じことを繰り返さ
　　　ない」と思って準備しました。

小堀：すごいですね。確か「在学中に生物学の授業を取ったこともきっかけ
　　　でした」という話でしたよね。

高橋：しかし私は受験にかかる費用の多くを親に負担してもらっていたので。
　　　皆さん働かれて貯金されて KALS に入って、場合によっては通学の
　　　ために引っ越しとかされて……。もう本当にすごいなと思いました。

小堀：山本さんも僕と同じで通学のために予備校の近くに引っ越したんです
　　　よね。

山本：そうなんです。引っ越しして勉強環境を整えるといった点が小堀さん
　　　と似てるなと思いました。

小堀：新大阪校の自習室とか結構使ってたんですか？

山本：毎日のように行っていたので、もう“ヌシ”になっていました。受験期
　　　の後半のほうには「俺が一番来てる！」みたいな気持ちになっていま
　　　した（笑）。

小堀：新大阪校の自習室って毎日来てる受験生って何人くらいいるんですか。

山本：僕が知る限りは 5、6 人ぐらいですかね。

小堀：新宿校も、10 人いかないくらいな感じですね。やっぱり「仕事を完全
　　　に辞めて」というパターンの受験生はそこまで多くはないのかなと。

小堀：中戸さんは基本的に仕事を続けられたから、土日に通われていましたか？

中戸：そうですね。予備校の講義の時だけ通っていて。講義が終わってから
　　　はコロナということもあり自宅で勉強していました。

山本：中戸さんフルタイムですからね。どうやって時間を確保したのかなって。

中戸：時間確保は本当に大変でした。主には土日に巻き返すしかできなかっ
　　　たです。ただ、コロナ禍でテレワークになった影響はやはりあるかな
　　　と思います。始業前やお昼休みに時間が確保しやすかったり、業務後

にすぐ勉強に切り替えられたりと平日にも余裕が生まれました。

小堀：すごいですね。絶対ムリだなと個人的には思っちゃって。

中戸：小堀さんは退職されて勉強されたということでしたよね。逆に、個人的には仕事をしている方が精神的に楽なんじゃないか、とも思うのですが、その点どうやって折り合いをつけられていたんですか？

小堀：そこらへんはもしかしたら人によるのかなって思っていて。関係ない分野で生きてきた自分は1日の大半を勉強に投入しないと合格は厳しいだろう、という思いが強かったです。あとはちょうど勉強を始める時期が仕事の区切り的にも良かったところもあったんですけどね。

中戸：なるほど。あとは、お金の面も心の持ちように影響ありますよね。

小堀：それも実はありますね……。前の会社で海外勤務させてもらい、海外手当もいただけたので、お金の不安はあまりありませんでした。

山本：へーそんなのあるんですね。

中戸：山本さんは週3日間勤務されていたんでしたよね。その前はフルタイムで働かれていたんですか？

山本：そうですね。前職では週5で歯科診療所に勤務をして、休みのうちの1日は大学病院に行って口腔外科の全身麻酔をかけていたんです。だから週6勤務みたいな感じですね。

小堀：そうなんですか。すごい。

中戸：高橋さんは大学に通いながらかつ文系とのことで、相談する方がなかなかいないように思うのですが、独力で勉強されていたんですか？

高橋：学士編入を一緒にする友達は全くいなかったのですが、留学のために英語を頑張る友達とかが周りにいて。大学の図書館で一緒に勉強をしてくれる友達がいたので、そういう面では精神的にも支えになったかなと思います。

中戸：大学の授業がありつつ、編入の勉強もされたってことですよね。

高橋：はい。でも皆さん理系だから大変だと思うのですが、私の学部は学年が上がるにつれて履修科目数が減って、どんどん楽になるので。

小堀・中戸・山本：いやいやいや（笑）。

高橋：中戸さんが最後の受験生へのメッセージで、「大学は人生の夏休みじゃないと気づいた」と書いていらっしゃって、本当にそうだなって思う一方で、私は大学の最初のオリエンテーションの時に、学習指導の先生から「大学は人生の夏休みだから」って言われたんですよ。

小堀：がっつり矛盾してますね（笑）。

中戸：書き換えて「夏休みだ」にしようかな（笑）。

高橋：ただ、何もしなければ遊ぶだけの大学生活で終わってたと思うんですけど、編入の勉強もできたことで一つ自分の中で成果ができたというか。有意義に過ごせたなって思います。

小堀：高橋さんは編入を目指し始めたのは3年生くらいからでしたっけ。

高橋：いや、KALS の説明会に行ったのが大学1年生の冬だったんですよ。

小堀・中戸・山本：早い（笑）。

高橋：それで大学2年生から KALS に入って、講師の方に「対策を始めるなら早く始めた方がいい、受験する年は関係ないから」って言われて、それもそうだなと思って早めに始めた感じですね。

山本：じゃあすごく計画的に進められてたんですね。

小堀：就活をやらず、その時間を受験勉強に充てられた面もありますか？

高橋：そうですね、はい。

中戸：友達が就活を始めたら、「自分もやらないと」と焦りそうなところを、よく意志を貫き通されましたね。

高橋：時期的に編入よりも就職先が決まる方が先じゃないですか。割とみんな早めに決まっていたんですよね、周りは。夏頃に友達の就活が終わったっていう時に、皆と Zoom する機会があって。私は戦う場が違うからいいのですが、「自分だけこのまま進路が決まらなかったら」と不安に思う時もありましたね。

中戸：高橋さんは小学校の頃の経験がきっかけで医師を目指されたとのことでしたが、小学生の頃から大学までその気持ちを保ち続けられるものなのかが知りたくて。医師になりたい気持ちが続くような出来事が他にもあったのでしょうか？

高橋：小学校の低学年の頃にテレビで"家庭の医学"っていうのをやっていて、そこで色々な病気が紹介されるのですが、医学というより病気に興味を持ったっていうのが最初で。医学部に行ったらそういう病気について発症機序とかを学びたいって思って、それに小学校高学年の時の（妊婦の）たらい回しのニュースのことも加わって。やっぱり病気について知りたい気持ちが自分の中にずっとあったのかなって思います。

中戸：ありがとうございます。熱意がすごいと感じました。

山本：ほんとに熱意がすごいですよね。僕、山口大学で面接までいって落ちたんですけど、落ちた理由が何か分かったような気がしました（笑）。

高橋：いやいや（笑）。でも、私は高校生の時も山口大学を目指していたので、

山口大学の受験生の中では割と気持ちが強い方だったかなって思います。

小堀：地元はやっぱこう、思い入れが違いますよね。自分の将来をなんとなくイメージしやすいというか。

中戸：小堀さんって、僕もなんですけれど、受験校を地元が良いという基準というよりは全般的に受けられていたように思うのですが、受かったところに進学すると考えていらっしゃったんですか？

小堀：おっしゃる通りで、自分の合格の可能性がある大学を順序立てて受けていく戦略でした。逆に皆さんの体験記を読んで、「あ、この人ここ落ちてるんだ」みたいなことも知れたりして。本当に、「受かる可能性があるところを受けていって、どれか引っかかったらいい」と言われている通りなんだなと実感しましたね。

高橋：その日の問題との相性とかもありますよね。

小堀：ありますよね。あと、面接官との相性もありますしね。

中戸：何か苦労されたってことってありましたか？面接とか口頭試問とかで。

山本：僕は山口大学が合わなかったです。僕が歯科麻酔出身なので、症例報告とかを実績として出していたんですよ。そうしたら突っ込まれまくって。何一つ答えられずに終了しました（笑）。

中戸：すごく厳しいですね（笑）。

山本：もう大炎上ですね（笑）。しかも、考察問題でおじさんの写真を見せられて、AIが心を読むっていう口頭試問だったんですよ。それも合わなくて。全部「分かりません」と答えて終わりました。

小堀：つらい（笑）。

山本：高橋さんは、AIの本とか読んで対策されていたのですごいなと思いました。

高橋：ある日実家で夕方のニュースを見ていたら、「山口大学が医療とAIについて力を入れ始めました」ってニュースが流れてきて。そうなんだって思って詳しくホームページを見たら、「AIに力を入れています」ということが書いてあったので、面接の前にちょっと読んでいたらAIがテーマで。

小堀・中戸・山本：すごい！

中戸：入りたい気持ちがあると情報のキャッチ力も違うんですね。

高橋：もう執念ですね、私は（笑）。

小堀：情報を集めるっていうところで、人によってはTwitterとかも結構利用しているのかなって。皆さんはどうでしたか？

山本：僕は利用していましたね。ある方にダイレクトメールをして志望動機書とかを開示してもらいました。「お願いします！」って言ってね。

中戸：直接添削していただけるのってかなり心強いですよね。僕も KALS に一存していたんですが、神戸大学ではネットを通じて編入生の先輩に直接連絡を取って、プレゼン資料を見ていただけて。それが一番助けになったと感じています。

小堀：高橋さんも Twitter 含めて色々されていました？

高橋：受験のために編入のアカウントを作っていました。合格者が「こうやって勉強したらいいよ。」とか教えてくださるじゃないですか。物理とか化学とか、そういう方々が発信されている情報を元に参考書とかを選んだりしていました。

小堀：そっか、志望理由書だけじゃなくて科目の勉強とかでも使えるんですね。

中戸：小堀さんも SNS を利用されていたんですか？

小堀：ネットってやっぱり色々な人が書いてるから、どうなのかな？　と思って最初の方は見ていませんでした。途中から Twitter を始めたんですけど、結局あんまり利用しないまま終わっちゃったって感じですね。僕は KALS 信者みたいなところがあったので、「まずはチューターに相談だ」みたいな（笑）。

小堀：そこら辺の相談の話も含めて、そういった何でも話せる人がいるのってやっぱり大事なんだなと思いました。僕の場合、実は元同僚が同じ編入の受験生で、途中からそいつと一緒にすごい色々な話ができるようになったんですよね。例えば、ご家族がいらっしゃる方だったらその方になんでも相談をできるとか、そういうのが結構受験で大事なのかなって思ったんですけど、どうですかね？

山本：僕は、KALS で友達が 1 人もいなかったんで、そういう人の存在は多分大事だと思います（笑）。

中戸：大事だと思います。僕も全然友達いなくて、小堀さんとかに声をかければよかったと思いました（笑）。

小堀：でも難しいですよね、本当に。僕も作りたかったですけど作れなかったんです。一番早い時期に作っちゃった方がよかったかなと。受験が始まっちゃうと「仲良くなったあの人はどうしてるのかな」とか考えちゃうんじゃないかなと。

中戸：高橋さんは、通信だとさらに知り合いを作る機会が少ないですよね？

高橋：そうですね、最初通おうかと考えたんですよ。知り合いも欲しかった

し、周りに受験生がいると良い刺激になるかなと思って。でも、自宅
から新宿まで片道300円ぐらいなのですが、それが積み重なれば結構
な額になるなって思ったのと、新宿がすごい都会じゃないですか。私、
あんまり人混みが好きじゃなくて（笑）。だから本当に、知り合いがで
きないっていうのは辛いなって思っていました。

中戸：そうですよね。（予備校に）入っても友達できないですけどね（笑）。

小堀：ある意味正解だったかもしれないですね（笑）。

山本：通っていたら友達ができそうな気がするんですけど、遊んじゃいそう
　　　なので知らない方がいいかもしれませんね。

小堀：多分みんな思っているんですよ。とくに山本さんと僕みたいなフルコ
　　　ミット勢は。「あの人は毎日来てるな」とか「あの人ちょっと早く帰る
　　　な、今日は疲れたのかな」とか（笑）。

中戸：すごく気にしているんですね、心のなかでは（笑）。それに、合否の話と
　　　かになってくるとちょっとギクシャクしちゃうかもしれないですしね。

小堀：高校の頃の予備校とはちょっと違う感じですよね。みんなバックグラ
　　　ウンド違うし、目標も違うかもしれないし、難しいですよね。Twitter
　　　でオープンにしてる合格者の方に連絡して、相談できるようにしちゃ
　　　うとかもありなんですかね。

中戸：そうですね、その方が気兼ねなく話ができそうですね。

中戸：話が尽きないですが、今日はこのあたりで終わりにさせていただきま
　　　すね。ありがとうございました。

小堀・高橋・山本：ありがとうございました。

おわり

▶（参考）2021年度医学部学士編入試験カレンダー

| 地域 | 大学名 | 募集人数 | 試験科目 | | | | | | | 出願期間 | 試験日程 |
			生命	英語	物理	化学	数学	小論	面接		1次
北海道	北海道	5	1次					2次	2次	9/2-9/8	10/4
	旭川医科	国際5＋地域5	1次	1次					2次	7/31-8/6	8/29
東北	弘前	地域20	1次	外部	1次	1次	1次		2次	11/2-11/6	11/29
	秋田	5	2次					2次	2次	9/10-9/18	書類
関東	東京医科歯科	5	1次						2次	5/25-5/29	9/9
	筑波	5	1次	1次		1次	1次		1次	7/27-7/31	9/5,9/6
	群馬	10						1次	2次	7/27-7/30	8/30
北陸	新潟（1次募集）	5	1次		1次	1次	1次		2次	9/7-9/10	10/23
	新潟（2次募集）	若干名			1次		1次		2次	2/15-2/16	3/8
	福井	5	1次						2次	7/27-7/31	9/12
	富山	5	1次					1次	2次	4/6-4/10	10/4
	金沢	5	2次	2次					3次	8/24-8/28	書類
東海	名古屋	5	1次	1次				2次	2次	7/13-7/17	10/29
	浜松医科	5（地域含）	1次	1次				2次	2次	8/3-8/12	9/5
近畿	大阪	10	1次	1次	1次	1次		2次	2次	6/1-6/5	7/4
	神戸	5	1次	1次					2次	8/14-8/20	9/5
	滋賀医科	15（地域含）	1次	1次	1次	1次		2次	2次	8/24-8/28	9/26
中国	岡山	5	2次	2次					2次	5/7-5/15	書類
	鳥取	地域5	1次	1次					2次	6/8-6/19	9/12
	島根	2年次5（地域含）3年次5（地域含）	1次	1次					2次	8/11-8/21	9/26
四国	山口	10	1次	1次				1次	2次	6/15-6/18	7/23
	香川	5	1次	外部					2次	7/27-8/4	9/6
	愛媛	5	1次	1次					2次	6/29-7/3	7/25
	高知	5	1次	1次	1次	1次	1次		2次	7/16-7/21	8/22
九州	長崎	5	1次	1次				2次	2次	7/10-7/17	8/28
	大分	10	2次	2次					3次	4/27-5/1	書類
	鹿児島	10	1次	1次					2次	7/28-7/31	8/29
	琉球	5	1次						2次	9/23-9/30	10/31

試験日程				出願条件			大学名
2次	3次	最終合格	重複	推薦書	英語試験	その他	
12/6		1/18	1次：群馬2次、富山1次		TOEIC or TOEFL		北海道
9/26		10/8	1次：鹿児島1次 2次：滋賀医科1次、島根1次、鹿児島2次	要			旭川医科
12/20		1/27			TOEFL		弘前
11/26,11/27		12/14		要			秋田
10/5		10/21		要	TOEFL ≧ 80		東京医科歯科
		9/16	1次：浜松医科1次、神戸1次、香川1次				筑波
10/4		10/23	2次：北海道1次、富山1次	要		要単位確認	群馬
12/18		1/20			TOEIC	要単位確認	新潟（1次募集）
3/22		3/26		要	TOEIC	要単位確認	新潟（2次募集）
11/1		11/20	1次：山口2次、鳥取1次 2次：島根2次				福井
11/15		12/1	1次：北海道1次、群馬2次				富山
9/25	10/22	11/11		要			金沢
11/24		12/3	1次：滋賀医科2次			要単位確認	名古屋
10/24		11/20	1次：筑波1次、神戸1次	要			浜松医科
7/25		8/7	1次：岡山2次 2次：愛媛1次				大阪
10/3		10/23	1次：筑波1次、浜松医科1次	要			神戸
10/29		11/13	1次：旭川医科2次、島根1次、鹿児島2次 2次：名古屋1次	要			滋賀医科
7/4		7/27	2次：大阪1次	要	TOEFL ≧ 60	要単位確認	岡山
		10/2	1次：福井1次、山口2次			出身地制限あり	鳥取
10/31,11/1		11/9	1次：旭川医科2次、滋賀医科1次、鹿児島2次 2次：島根2次、琉球1次	要	TOEIC ≧ 600	3年次は要資格	島根
9/12		9/25	2次：福井1次、鳥取1次	要			山口
10/11		10/22	1次：筑波1次		TOEIC ≧ 600		香川
8/31,9/1		9/16	1次：大阪2次	要			愛媛
9/17,9/18		10/8					高知
10/9		10/30		要			長崎
10/12	12/3	12/11		要			大分
9/26		10/19	1次：旭川医科1次 2次：旭川医科2次、滋賀医科1次、島根1次	要			鹿児島
12/16		12/25	1次：鳥取2次	要			琉球

掲載内容は2021年度入試のものです。最新の情報は必ず各大学の募集要項やウェブサイトでご確認ください。

あとがき

　本書の執筆の話題が出たのは 2020 年の 12 月。令和 3 年度の医学部学士編入生のオンラインコミュニティ内で、「自分の受験経験を本にできたら有益じゃないか？」と意見が出たことが始まりです。あっという間に有志 10 名が集まり、十人十色の医学部学士編入合格体験を本当に書籍化し、世の中に発信する機会を得ることができました。

　本書をここまで読んできて、いかがでしたか？
　医学部学士編入試験は情報戦です。しかし、合格に関する生の情報を入手することができる機会は非常に限られています。私たちはこの問題に一石を投じるべく、自分自身の合格体験、収集しうる情報を凝縮させました。本書では、文系と理系と医療系、20 代〜 30 代、学生から社会人まで非常に幅広い属性の合格者の実体験を、失敗談も隠さずありのままに記しました。2021 年現在、医学部学士編入試験の情報を入手し、生きた体験をまとめて得る上で、本書を超えるものはないと自信を持って言えます。

　本書の著者は全員、一度大学を卒業しています。そして、大学や社会人で会得した専門性や能力だけではなく、医療に対する問題意識と信念を持って医学部学士編入試験に挑戦し、合格した 10 名です。本書の中でも触れましたが、この問題意識と信念こそが、医学部学士編入制度の意義であり可能性であると考えます。合格体験記や先輩方へのインタビューを通じ、情熱を持って医学部学士編入に挑戦する方の後押しをすることができれば幸甚に存じます。

　本書の内容について質問や感想がある場合には、巻末の「著者連絡先」までお気軽にメッセージをください。著者一同、今後も読者の皆様のお

力になれればと考えています。

　執筆にあたりまして、医学部学士編入を経験された医師の先生方、医学生の先輩方には、インタビューや対談へのご協力をいただきました。出版に際しまして、エール出版社様には多大なるご尽力をいただきました。また、そもそも著者一同が学士編入試験に合格できたのは、身近で合格を応援し、協力し、支えてくれた方々のお陰です。この場を借りまして、改めて心よりお礼を申し上げます。

　この文章を書いているのは、新型コロナウイルス感染症による緊急事態宣言の真っ只中です。しかし、ワクチンの開発など前向きな話題もあり、パンデミックによる真冬の時代は少しずつ終わり始めています。私たち10名は、春から始まった医学部生活をスタートとして、各自の理想の医師に近づけるよう邁進してまいります。
　この本を手に取り、ここまで読んでくださった皆様にも、『医学部への合格』という春が訪れますことを、著者一同心から願っております。

2021年5月
著者を代表して　名倉慎吾

【著者プロフィール】

●名倉 慎吾（なぐら しんご）[著者代表, 合格体験記⑨]

2020 年、東京大学薬学部卒業。

家族が白血病・間質性肺炎を経験したことから医療の道を志し、薬の副作用への関心から薬学部へ進学。薬学部や大学外で多くの患者と接したことから、より患者や疾患に近い場での医療に携わりたいと考えるようになる。また、地方の教育格差をテーマに学生団体で活動、地方の現状に課題を持つ。

「疾患治療の追求」と「地域医療の支援」を両立する手段は医師になることであると判断し、医学部受験を決意。大学卒業後、薬剤師として働きながら、約 4 ヶ月間の勉強を経て、2020 年 8 月に大阪大学医学部に合格。本書では、「仕事と両立し」「短期間で」受験で成功させるためのポイント・戦略を提供する。

薬剤師。令和 3 年度医学部学士編入生コミュニティの発起人。Twitter：@shin_pharmtomed

●市川 雄基（いちかわ ゆうき）[合格体験記①]

2018 年、東京大学法学部卒業。

現在、公的研究機関の事務部門にて勤務 3 年目。

現職で広報業務に携わり、様々な分野の研究に触れる中で、われわれ自身の成り立ちや仕組みに迫る生命科学に対して強い関心を抱くようになる。

さらに、業務上一般の方から疾患に関する痛切な相談を受けることが多く、より直接的な形で患者に救いの手を差し伸べることはできないものかと考えるようになった。これらの理由から、医学部学士編入を決意。

それまで医師になろうと考えたことは無かったが、2019 年 4 月より仕事を続けながら勉強し、2020 年 7 月、岡山大学医学部医学科に合格。

本書では、特に「社会人」や「文系出身」の方に向けたアドバイスを提供する。

TOEIC 990 点、TOEFL-iBT 112 点。

●大崎 千尋（おおさき ちひろ）[合格体験記②]

九州の離島生まれ。2014 年私立大学薬学部薬学科卒業、薬剤師免許取得。2 年間、僻地の薬局に薬剤師として勤務。2016 年に母校の大学助手として採用され、同時に同大学大学院薬学研究科（医療薬学専攻）博士課程に入学。博士課程中に結婚。2020 年 3 月に博士号（薬学）取得。

高校時代に僻地医療を志すために地元の医学部を受験・1 浪したものの不合格。地元の私立薬学部に進学したが、薬剤師になってからも夢を抱き続けた。博士課程中は研究活動に没頭し間接的に科学・医療に関わっていく道も考えたが、新型コロナウイルスの蔓延を機に直接医療現場で患者と関わっていきたいという思いが再燃。2020 年 6 月に 31 歳の年齢から勉強を独学でスタートする。2020 年 10 月に鹿児島大学医学部に合格。本書では女性の医学部学士編入、家庭と仕事と勉強の両立、30 代からの医学部学士編入にフォーカスして情報を発信する。

薬剤師、薬学博士、英検準 1 級、TOEIC840 点

●加我 友寛（かが ともひろ）[合格体験記③]

1991 年北海道生まれ。2016 年北海道大学医学部看護学専攻卒業。高校時代に国境なき医師団を知り、「貧困層の人々が夢をもつための支援がしたい」と思い医師を志すも、偏差値は 30 〜 40 台であり自宅浪人を経ても合格ならず。一度北海道大学の看護学科に入学し、在学中に再度医学部を受験するが不合格。

看護師として生きることを決意し、急性期病院で 4 年の臨床経験を経て、" 看護 " の素晴らしさを多く経験した。他方、患者や家族の想いに応えられない医療の現実に直面する。30 歳を目前に、「人生をかけて果たしたいことは何か」と自問自答する中で、患者や家族の「最期は自宅で迎えたい」という想いに少しでも貢献したいと思い、訪問診療医を志す。

看護師として働きながら通信制予備校も利用し約 1 年勉強し、退職してさらに 4 ヶ月の受験勉強を経て、ついに愛媛大学医学部医学科に編入を果たす。

看護師免許、TOEIC695 点、TOEFL-iBT 点数なし、4 科目型大学合格現在は、看護師と医師のダブルライセンス取得による医療界への大きな可能性を信じ、ブログや SNS を通じて看護師やコメディカルから医師への転職をサポートしている。

本書では、自身の体験から、看護師やコメディカルの方、英語が不得意で生物の素養がない方、金銭的に予備校利用か独学かで悩まれている方に有益な情報を提供する。

ブログ URL [https://ton-med.com]

●河井 実来（かわい みく）[合格体験記④]

2007 年名古屋大学農学部卒業。営業職として IT 企業を 4 社経験。農学部生および社会人として、一貫して農産物の販売を通じた所得向上による地域活性化について学び、携わった。自身の子宮頚がん闘病体験より、地域活性化のためには商売以前の問題として、住民が健康である必要性を強く感じたことから医療系 IT 企業

へ転職。そこでの経験を通じ、より患者さんに直接的に貢献できる医師を志すようになり、2019 年 3 月より予備校へ通学開始。

残業 100 時間 / 月をこなしながら生命科学模試偏差値 70 超えを実現し、2020 年 10 月鹿児島大学医学部医学科合格。学部卒 / 文系就職 / 転職歴多数 /30 代後半女性によるサラリーマン受験生の取り組み事例を提供する。Twitter:@kawaikay

●小堀 貴之（こぼり たかゆき）[合格体験記⑤]
2014 年に慶應義塾大学大学院理工学研究科の修士課程を修了し、専業プラントエンジニアリング企業である千代田化工建設株式会社に入社。中東やアジア諸国などの海外で石油・液化天然ガスプラントの設計に約 4 年間従事する。

大規模なインフラ建設プロジェクトに関わる一方で、医療従事者の身内から地元茨城県の医療の実情を聞き、医療に携わりたい思いを抱き始める。さらに、学んできた工学の知見を生かすことが可能な医学領域の研究分野を知った。医師となることでその研究を進めたいと強く思い、医学部編入への挑戦を決意。

2019 年 4 月に退職し、予備校に通い受験勉強に専念する。2020 年 7 月末に岡山大学医学部に合格。日本の工学修士と仏国工学修士 (Diplôme d'ingénieur) のダブルディグリー取得。

米国 Fundamental Engineering 資格。TOEIC 940 点、TOEFL 78 点。
Twitter:@t_k_nc19、ブログ URL: [https://tamago-dofu.com/]

●高橋 麻衣（たかはし まい）[合格体験記⑥]
2021 年 3 月慶應義塾大学法学部卒業。

家族に医療関係者がいることから医療に関する話題が身近な環境で育った。小学生の時に小児科医の不足や妊婦のたらい回しがニュースで取り上げられていたことをきっかけとして、医師という職業に関心を持ち始める。

高校 3 年の夏まで医学部を志望していたものの、数学と化学に苦手意識があり、また浪人を恐れていたこともあって、医学の次に興味があった法学や政治学を学ぶために同大学へ進学。

しかし、大学入学後に一般教養科目として生命科学系の授業を履修するなかで、「医学を学びたい、医師になりたい」という思いが強くなり、医学部学士編入試験への挑戦を決意する。大学 2 年次より学部の勉強と並行して少しずつ受験勉強を進め、大学 4 年次の 2020 年 9 月、山口大学医学部医学科に合格。

●土橋 航（どばし こう）[合格体験記⑦]
2011 年早稲田大学政治経済学部経済学科卒業後、三菱東京 UFJ 銀行（現・三菱 UFJ 銀行）に入行。

その後独立して起業し、日本、東南アジア、オセアニア、ヨーロッパで 5 社の会社経営をしたが、仕事が大嫌いだった。

あるとき、自身の仕事は利益を主目的としていて志が無かった事に気付いた。心から望む仕事として最も関心が高い医療の仕事に自身を捧げたいと思い、30 歳から医師を目指す。すぐに病院で働き始め、理系知識ゼロの状態から独学で勉強を開始。一年後、岡山大学医学部医学科に合格。本書ではその体験談と合格ノウハウを提供する。

TOEIC 985 点、TOEFL iBT 106 点、MENSA 会員、Twitter: kojapan2017

●中戸 亮介（なかと りょうすけ）[合格体験記⑧]
2014 年に岡山大学大学院薬学系修士課程卒業後、製薬企業に入社。ファーマコヴィジランス部門にて医薬品の安全対策業務に従事。

認知症を発症した祖父母と向き合う中で、診断の遅れや周囲の理解不足が認知症のケアを困難にしていることを痛感する。早期診断方法の開発や早期の治療介入を通して認知症の医療を推し進めたいと考えるようになり、30 歳にして医師になることを決意。

2019 年 10 月より仕事を続けながら勉強し、約 1 年後に神戸大学医学部医学科に合格。本書では、仕事と受験の両立や研究経験を生かした受験戦略のポイントを事例とともに紹介する。

●山本 剛士（やまもと たけし）[合格体験記⑩]
2017 年九州歯科大学歯学部歯学科卒業。大学卒業後、歯科麻酔科に入局。歯科医師として大学病院での 2 年間の研修後、診療所に勤務し全国最短で歯科麻酔認定医を習得する。大学病院及び診療所での経験から、医科歯科連携の必要性を感じ、2020 年 4 月から本格的に受験勉強を開始。受験勉強開始時の生命科学と英語の偏差値は 40 台であったが、約半年間で偏差値を 60 台に伸ばすことに成功。

同年 10 月に鹿児島大学医学部医学科に合格。本書では、実体験に基づいた勉強法など合格するために必要なノウハウを記載する。

歯科医師、歯科麻酔認定医。Twitter:@jamaikajamaik

【著者】

2021年度医学部学士編入生有志

SNSを通じて集まった令和3年度医学部学士編入合格者コミュニティより発起した。

文系・理系・医療系など、多様な背景と経験を持った10名が、生きた合格体験を提供する。

e-mail（代表）：r3medicaltransfer.book@gmail.com

医学部学士編入試験の教科書
合格者10名による完全解説　　　　　＊定価はカバーに表示してあります。

2021年 6 月 20 日　　初版第 1 刷発行
2022年 5 月 14 日　　初版第 2 刷発行

著　者　2021年度医学部学士編入生有志
編集人　　　　　　清　水　智　則
発行所　　　　　エール出版社
〒 101-0052　東京都千代田区神田小川町 2-12
信愛ビル 4 F
e-mail：info@yell-books.com
電話　03(3291)0306
FAX　03(3291)0310
振替　00140 － 6 － 33914